JOHANN-FRIEDRICH VON EICHBORN

Die Bestimmungen über die Wahl der Bundesverfassungsrichter als Verfassungsproblem

Schriften zum Öffentlichen Recht

Band 104

Die Bestimmungen über die Wahl der Bundesverfassungsrichter als Verfassungsproblem

Von

Dr. Johann-Friedrich von Eichborn

DUNCKER & HUMBLOT / BERLIN

Alle Rechte vorbehalten
© 1969 Duncker & Humblot, Berlin 41
Gedruckt 1969 bei Alb. Sayffaerth, Berlin 61
Printed in Germany

Inhaltsverzeichnis

Einleitung 9

I. Teil: Die Frage der Verfassungsmäßigkeit des Wahlverfahrens nach § 6 BVGG 11

Abschnitt A: Auslegungsbedürftigkeit, Auslegungsfähigkeit und Ausfüllbarkeit des Art. 94 GG 12

    1. Entstehungsgeschichte und Auslegung des Abs. I Satz 2 12

        a) Entstehungsgeschichte 12

        b) Auslegung 15

    2. Entstehungsgeschichte und Auslegung des Art. 94 II GG 17

        a) Entstehungsgeschichte 18

        b) Auslegung 18

    3. Ergebnis 21

Abschnitt B: Entstehungsgeschichte, Handhabung und Zweckmäßigkeit des § 6 I—IV BVGG 22

    1. Entstehungsgeschichte 23

        a) 1950/51 23

        b) 1955/56 26

        c) Zusammenfassung 30

    2. Handhabung des Wahlverfahrens 31

        a) Sonderstellung des Wahlmännerausschusses 31

        b) Gleichstellung von Plenum und Ausschuß; Folgen 34

    3. Zweckmäßigkeit des Wahlverfahrens 38

        a) Praktikabilität und Zweckmäßigkeit 38

        b) Negative Auswirkungen des Verfahrens 40

Abschnitt C: Folgerungen aus der Verfassungswidrigkeit des § 6 BVGG .. 42

    1. Möglichkeiten einer Neuordnung des Wahlverfahrens 42

    2. Konsequenzen, falls der Gesetzgeber untätig bleibt 45

II. Teil: Zulässigkeit und erhöhte Bestandsgarantie der §§ 6 V und 7 BVGG   47

Abschnitt A: Zulässigkeit, Zweckmäßigkeit und Unvollkommenheit der §§ 6 V und 7 BVGG 47

1. Entstehungsgeschichte 47
   a) 1950/51 47
   b) 1955/56 49
2. Zulässigkeit und Zweckmäßigkeit der §§ 6 V und 7 BVGG 54
   a) Zulässigkeit 54
   b) Zweckmäßigkeit 55
3. Unvollkommenheit der §§ 6 V und 7 BVGG 58
   a) Rechtliche Unvollkommenheit 58
   b) Politische Unvollkommenheit 59

Abschnitt B: Die immanente erhöhte Bestandsgarantie der §§ 6 V und 7 BVGG 61

1. Problemstellung 61
   a) Erhöhte Bestandsgarantie kann aus dem Wesen der Verfassungsgerichtsbarkeit folgen 62
   b) Erhöhte Bestandsgarantie kann aus dem materiellen Gehalt der §§ 6 V und 7 BVGG logisch folgen 63
2. Rechtliche Zulässigkeit einer erhöhten Bestandsgarantie der §§ 6 V und 7 BVGG 66
   a) Vereinbarkeit mit Art. 79 GG 66
   b) Vereinbarkeit mit Art. 42 II GG 68
   c) Gesetze mit erhöhter Bestandsgarantie sind keine ‚Verfassungsgesetze' 72
3. Die Ausstattung der §§ 6 V und 7 BVGG mit erhöhter Bestandsgarantie im Jahre 1951 72
   a) Wille zur Selbstbeschränkung 73
   b) Willenserklärung 74
   c) Willensrespektierung in der politischen Praxis 75

III. Teil: Zusatzfragen 79

1. Umfang der erhöhten Bestandsgarantie der §§ 6 V und 7 BVGG 79
2. Erhöhte Bestandsgarantie der entsprechenden Bestimmungen in Österreich und Italien 81
3. Möglichkeiten zur Abwendung der Gefahren, die im Erfordernis qualifizierter Mehrheit liegen 82
4. Schlußbemerkung 84

Schrifttumsverzeichnis 85

Abkürzungsverzeichnis

Abg.	Abgeordneter
AÖR	Archiv des öffentlichen Rechts
Art.	Artikel
Aussch.	Ausschuß
Bearb.	Bearbeitung
BGBl.	Bundesgesetzblatt
BK	Bonner Kommentar
BR	Bundesrat
BRats-Drs.	Bundesratsdrucksache
BRats-Sitzungsbericht	Bundesratssitzungsbericht
BT	Bundestag
BTags-Drs.	Bundestagsdrucksache
BTags-Prot.	Bundestagsprotokoll
BVerfGE	Entscheidungen des Bundesverfassungsgerichts
BVG	Bundesverfassungsgericht
BVGG	Bundesverfassungsgerichtsgesetz
BV-Richter	Bundesverfassungsrichter
BWahlG	Bundeswahlgesetz
d.	des
Diss.	Dissertation
DJZ	Deutsche Juristenzeitung
DÖV	Die Öffentliche Verwaltung
DRiZ	Deutsche Richterzeitung
Drs.	Drucksache
DVBl.	Deutsches Verwaltungsblatt
gem.	gemäß
GeschO	Geschäftsordnung
GG	Grundgesetz vom 23. 5. 1949
GB/BHE	Gesamtdeutscher Block/Bund der Heimatvertriebenen und Entrechteten
HA-Steno	Verhandlungen des Hauptausschusses
HDStR	Handbuch des Deutschen Staatsrechts
JÖR N.F.	Jahrbuch des öffentlichen Rechts, Neue Folge
JZ	Juristenzeitung
NJW	Neue Juristische Wochenschrift
ÖZÖfR	Österreichische Zeitschrift für öffentliches Recht
Prot.	Protokoll
Rdn.	Randnummer
RGBl.	Reichsgesetzblatt
RiWG	Richterwahlgesetz
RV	Reichsverfassung vom 16. 4. 1871
Sitz.	Sitzung
Sp.	Spalte
Steno-Prot.	Stenographisches Protokoll
StGG	Staatsgerichtshofsgesetz
Verb.	Verbindung
VVDStRL	Veröffentlichungen der Vereinigung der Deutschen Staatsrechtslehrer
WbG	Gesetz über den Wehrbeauftragten des Bundestages
WV	Weimarer Verfassung vom 11. 8. 1919

Einleitung

Es gehört zu den gesicherten Erkenntnissen der Staatsrechtslehre, daß die Wahl geeigneter und neutraler Richter nachdrücklich über den Wert einer Verfassungsgerichtsbarkeit entscheidet[1]. Dem trugen die Väter des Grundgesetzes Rechnung, indem sie in der Regelung des Art. 94 I GG die Forderungen demokratischer Legitimation, hoher richterlicher Qualifikationen und föderativer Repräsentation miteinander zu vereinigen suchten[2]. Die nähere Ausgestaltung des Wahlverfahrens in Bundestag und Bundesrat nahm der Gesetzgeber in dem Bundesverfassungsgerichtsgesetz (BVGG) vom 12. 3. 1951 vor. § 6 BVGG überträgt die Wahl im Bundestag einem besonderen Ausschuß, dessen 12 Mitglieder vom Plenum auf Grund von Vorschlägen der Fraktionen nach den Regeln der Verhältniswahl gewählt werden. Um einseitige Einflußnahmen auszuschließen, ist ferner für die Wahl eines Verfassungsrichters nach den §§ 6 V und 7 BVGG in den Wahlgremien eine Mehrheit von zwei Dritteln der Wahlmänner bzw. Bundesratsmitglieder erforderlich[3].

Vor wie nach der Errichtung des Bundesverfassungsgerichts (BVG) waren sowohl der politische Charakter, als auch die schließlich beschlossene Form des Wahlverfahrens in Literatur und Praxis heftig umstritten. Während die Zweckmäßigkeit der Richterwahl durch die parlamentarischen Gremien jedoch nach und nach allseitige Anerkennung fand, blieb die verfassungsrechtliche Gültigkeit des Wahlverfahrens im Bundestag bis heute ungeklärt.

Die hier vorgelegte Untersuchung wird sich nun in ihrem ersten Teil der Aufgabe widmen, der Verfassungsmäßigkeit des Wahlverfahrens im Bundestag nachzugehen. Sie wird dabei unter ausführlicher Erörterung der jeweiligen Entstehungsgeschichte versuchen aufzuzeigen, daß Einführung und Handhabung des Wahlverfahrens nach § 6 BVGG sowohl

---

[1] So schon *Heinrich Triepel* auf der Staatsrechtslehrertagung in Wien 1928, Wesen und Entwicklung der Staatsgerichtsbarkeit, VVDStRL Heft 5, 1929, S. 27; vgl. ferner *Hans Müller*, Die Auswahl der Verfassungsrichter, ÖZÖfR Bd. 8 (1957/58) S. 149; *Franz Klein* in *Maunz/Sigloch/Schmidt-Bleibtreu/Klein*, BVGG, Kommentar, 1967, § 5 Rdn. 2; *Klaus Stern* in Bonner Kommentar (BK), Art. 94 (2. Bearb.) Rdn. 2.

[2] *Heinz Laufer*, Verfassungsgerichtsbarkeit und politischer Prozeß, 1968, S. 207.

[3] Über Wahl und Arbeitsweise siehe näher *Hans Trossmann*, Parlamentsrecht und Praxis des Deutschen Bundestages, Kommentar, 1967, S. 284—287; *Willi Geiger*, Kommentar zum BVGG, 1952, § 6 Anm. 1—4.

mit dem Wortlaut, als auch mit dem Sinn des Art. 94 I 2 GG in Widerspruch stehen. Weil darüber hinaus auch die Zweckmäßigkeit des Wahlverfahrens Zweifeln ausgesetzt erscheint, wird anschließend ein Vorschlag gemacht werden, wie die Richterwahl in einer sowohl verfassungsgemäßen, als auch zweckgerechten Weise vom Bundestage vorgenommen werden könnte.

Der zweite Teil der Untersuchung wird sich mit dem Erfordernis qualifizierter Mehrheit für die Wahl eines Bundesverfassungsrichters (BV-Richters) befassen. Dabei sollen zunächst die rechtliche Zulässigkeit und sachliche Zweckmäßigkeit dieses in den §§ 6 V und 7 BVGG angeordneten Quorums erörtert werden. Daran anschließen wird sich der Versuch nachzuweisen, daß den betreffenden Bestimmungen auf Grund ihres materiellen Gehaltes sowie den Umständen ihrer Entstehung eine erhöhte Bestandsgarantie immanent ist, die sie im Gegensatz zu der einhelligen Auffassung von Literatur und Praxis nur mit Zustimmung der parlamentarischen Minderheit abänderbar macht.

Erster Teil

Die Frage der Verfassungsmäßigkeit des Wahlverfahrens nach § 6 BVGG

Das indirekte Verfahren bei der Wahl der BV-Richter im Bundestag nach § 6 BVGG hat sich in der Praxis seit 1951 in einem solchen Maße eingespielt, daß die Frage nach seiner Verfassungsmäßigkeit heute kaum mehr gestellt wird[1]. Bei und nach Verabschiedung des BVGG im Jahre 1951 war dieses Problem dagegen Gegenstand erheblicher Kontroversen[2], die nur dadurch ein Ende fanden, daß die Praxis einerseits die Praktikabilität des indirekten Verfahrens in den Vordergrund rückte[3], während die Literatur andererseits sich auf den Standpunkt zurückzog, in Art. 94 I 2 GG sei der Wahlmodus *offen* geblieben[4], weshalb dessen Regelung vom Gesetzgeber vorgenommen werden durfte[5].

---

[1] Bezeichnend meint *Hans Lechner* in *Wintrich/Lechner*, Die Grundrechte, Bd. 3, II. Teil, 1959, S. 697, die Verfassungsmäßigkeit sei „zwar nicht unbestritten, praktisch aber anerkannt"; kritisch zuletzt *Stern* a.a.O. Rdn. 83.

[2] So bezeichnete *Joachim von Merkatz* bei den Beratungen im Ausschuß für Rechtswesen und Verfassungsrecht das indirekte Wahlverfahren als „nicht der Verfassung entsprechend", Steno-Prot. der 21. Sitzung am 15.3.1950. *Richard Thoma* hielt es für verfassungswidrig, daß dem Bundestag das Wahlrecht durch § 6 BVGG entzogen werde, vgl. Rechtsgutachten betreffend die Stellung des BVG, JÖR N.F. 6, 1957, S. 188. Nicht eindeutig ist dagegen *Geiger*, a.a.O. § 6 Anm. 2 und S. 2, der einerseits gewichtige Argumente gegen § 6 BVGG vorbringt, sich andererseits aber der Meinung anschließt, das GG habe es dem Gesetzgeber überlassen „das Nähere über das Wahlverfahren zu bestimmen, also auch die Entscheidung zu treffen, ob die Richter im Wege direkter oder indirekter Wahl gewählt werden sollen". Kritisch auch *Holtkotten* in BK Art. 94 (1. Bearb.) Anm. II A 1 f.; *Lechner*, Kommentar, § 6 Anm. zu Abs. I.

[3] So ausdrücklich *Eduard Wahl*, Steno-Prot. der 66. Sitzung des Ausschusses für Rechtswesen und Verfassungsrecht am 3.11.50; vgl. auch *Geiger* a.a.O. § 6 Anm. 2.

[4] Dies ist die einhellige Meinung, die auch von denen geteilt wird, die dem indirekten Verfahren skeptisch gegenüberstehen; vgl. *Thoma* a.a.O. S. 187; Der Status des BVG, JÖR N.F. 6 S. 202; *Lechner*, Grundrechte, S. 689; *Andreas Hamann*, Das Grundgesetz für die Bundesrepublik Deutschland vom 23.5.1949, 2. Aufl. 1960, Art. 94 Anm. A; *Klein* a.a.O. Rdn. 33 der Vorbemerkung; *Stern* a.a.O. Rdn. 71.

[5] Vgl. *Geiger* ebd.; *Adolf Arndt*, Das Bundesverfassungsgericht, DVBl. 1951, S. 298; *Lechner*, Grundrechte, S. 696; ders., Kommentar, § 6 Anm. zu Abs. I; *Hamann* ebd.; Status des BVG ebd. Die übrige Literatur hält eine Rechtfertigung für überflüssig.

Dies ist nun der Punkt, an dem eine neuerliche Erörterung der Verfassungsmäßigkeit von § 6 BVGG ansetzen muß. Zunächst wird deshalb geprüft werden, ob der Wahlmodus im GG wirklich ausgesprochen unvollständig geregelt wurde[6] und Art. 94 I 2 GG mithin auslegungsbedürftig, zumindest aber auf Grund von Art. 94 II GG durch den Gesetzgeber auslegungsfähig und ausfüllbar ist. Sodann wird zu untersuchen sein, ob das Wahlverfahren im einzelnen in der durch § 6 BVGG vorgenommenen Weise ausgestaltet werden durfte. Schließlich soll erörtert werden, ob von einer besonderen Praktikabilität und Zweckmäßigkeit des indirekten Wahlverfahrens gesprochen werden kann, die geeignet wären, rechtliche Bedenken, wenn auch nicht auszuräumen, so doch in den Hintergrund treten zu lassen, zumindest aber Richtschnur für eine künftige Regelung der Richterwahl zu sein.

Abschnitt A

Auslegungsbedürftigkeit, Auslegungsfähigkeit und Ausfüllbarkeit des Art. 94 GG

1. Entstehungsgeschichte und Auslegung des Abs. I Satz 2

Es ist nicht zu bestreiten, daß die Formulierung in Art. 94. I 2 GG für sich betrachtet keinen Aufschluß darüber gibt, wie sich der Verfassungsgeber die Durchführung der Wahl in Bundestag und Bundesrat gedacht hat. Das muß jedoch seine Ursache nicht notwendig darin haben, daß er in dieser Frage dem Gesetzgeber freie Hand lassen wollte, oder das Problem einfach übersehen hat, sondern es ist auch denkbar, daß er die Regelung des Art. 94 I 2 GG im Zusammenhang mit anderen Bestimmungen des GG und allgemeinen Erfahrungssätzen des Verfassungslebens für *hinreichend bestimmt* hielt.

a) Entstehungsgeschichte

Die Entstehungsgeschichte des Art. 94 GG offenbart, daß der Modus der Richterwahl von Anfang an eine zentrale Bedeutung in den Beratungen über das BVG einnahm.

Der Verfassungskonvent von Herrenchiemsee hatte beschlossen, nur die wichtigsten Grundsätze der zukünftigen Verfassungsgerichtsbarkeit

---

[6] So zuletzt ausdrücklich *Stern* a.a.O. Rdn. 1 und 71; es ist gleichwohl auffallend, daß *Arndt* a.a.O. S. 298 und *Geiger* a.a.O. Anm. 2, die wesentlichen Anteil an der Formulierung des BVGG hatten, nicht von der Lückenhaftigkeit, sondern nur von der Ausfüllbarkeit des Art. 94 I 2 sprechen.

in den Text des GG aufzunehmen, während alle übrigen Bestimmungen dem späteren Gesetzgeber zur Regelung überwiesen werden sollten[1]. Für eines dieser zentralen Probleme hielt er die Bestellung der BV-Richter, weshalb er in Art. 100 I seines Entwurfes bereits die paritätische Wahl der Richter und der Gerichtsvorsitzenden durch Bundestag und Bundesrat sowie die Ernennung durch den Bundespräsidenten vorsah[1].

Im Parlamentarischen Rat kam das Problem der Richterwahl zum ersten Mal in der 5. Sitzung des Ausschusses für Verfassungsgerichtshof und Rechtspflege (Rechtspflegeausschuß) ausführlich zur Sprache. Da zu diesem Zeitpunkt die Absicht bestand, die Aufgaben des geplanten Obersten Bundesgerichts und des BVG einem einheitlichen Gericht zu übertragen, wollte man ein besonderes Wahlkollegium mit der Bestellung der Richter betrauen[2]. Ein Vorschlag des Abg. *Zinn* (SPD), der die Wahl der BV-Richter abwechselnd dem geplanten Deutschen Bundesgericht und dem Bundesrat übertragen und dem Bundestag nur ein Widerspruchsrecht zubilligen wollte, wurde dagegen im Ausschuß nicht weiter behandelt[3].

Dafür lag dem Ausschuß in der 7. Sitzung ein anderer Vorschlag vor, den die Abg. *Zinn* (SPD), *Strauß* (CDU) und *Dehler* (FDP) über den Allgemeinen Redaktionsausschuß eingebracht hatten. Er ging von der institutionellen Trennung des BVG vom Obersten Bundesgericht aus und sah in Art. 128 e Abs. II Satz 1 die paritätische Wahl der Mitglieder des BVG durch Bundestag und Bundesrat vor[4]. Dieser Vorschlag fand die Zustimmung des Ausschusses. Ein zweiter Satz des Art. 128 e Abs. II, demzufolge Bundestag und Bundesrat jeweils auf der Grundlage eines Vorschlags des anderen wählen sollten, wurde dagegen gestrichen. Man wollte es den beiden Wahlkörpern überlassen, Vorschläge aus ihrer Mitte zu machen[5]. In dieser Fassung, die der Formulierung des späteren Art. 94 I 2 GG wörtlich entspricht, nahm der Hauptausschuß in erster Lesung am 8. 12. 48 den Art. 128 e Abs. II an[6].

Um die zweite Lesung des Hauptausschusses vorzubereiten, überarbeitete der Allgemeine Redaktionsausschuß das Ergebnis der ersten

---

[1] Vgl. Bericht über den Verfassungskonvent auf Herrenchiemsee, kommentierender Teil, S. 46; *v. Doemming/Füsslein/Matz*, Entstehungsgeschichte der Artikel des GG, JÖR N.F. 1, S. 682; *Laufer* a.a.O. S. 42 ff.; *Geiger* a.a.O. Einleitung IV 1; *Holtkotten* in BK Art. 94 (1. Bearb.) I.
[2] Steno-Prot. der 5. Sitzung des Rechtspflegeausschusses am 10. 11. 48, S. 82 ff.; *Laufer* a.a.O. S. 87; JÖR N.F. 1, S. 683; *Lechner*, Kommentar, Einleitung 4; *Holtkotten* ebd.
[3] Drucksache (Drs.) 243 vom 3. 11. 48; vgl. JÖR N.F. 1, S. 683; *Laufer* a.a.O. S. 87.
[4] Drs. 343 vom 5. 12. 48; vgl. JÖR N.F. 1, S. 684; *Laufer* a.a.O. S. 88.
[5] Steno-Prot. der 7. Sitzung des Rechtspflegeausschusses am 6. 12. 48, S. 92; vgl. JÖR N.F. 1, S. 684 f.; *Laufer* a.a.O. S. 88.
[6] 23. Sitzung des Hauptausschusses, HA-Steno S. 279.

Lesung. Dabei wurde in Art. 128 e der bisherige Abs. II zu Satz 2 des Abs. I, während im neuen Abs. II eine Bestimmung über die Besetzung des Gerichts bei seinen Entscheidungen vorgesehen wurde[7].

Der Rechtspflegeausschuß übernahm in seiner neunten Sitzung am 7. 12. 48 zwar die Formulierung des Abs. I des Art. 128 e, beschloß aber auf Anregung des Abg. *Laforet* (CSU), dem Hauptausschuß die Streichung des zweiten Absatzes von Art. 128 e zu empfehlen, da die Entscheidung über die Besetzung des BVG einem Bundesgesetz vorbehalten werden könne[8]. Der Hauptausschuß nahm in zweiter Lesung am 13. 1. 49 den ersten Absatz des Art. 128 e an, während er den zweiten entsprechend der Empfehlung des Rechtspflegeausschusses ersatzlos strich[9]. In der 3. und 4. Lesung des Hauptausschusses am 10. 2. 49 und 5. 5. 49 wurden bezüglich der Richterwahl keine Änderungen mehr erwogen, womit die Fassung des heutigen Art. 94 I 2 GG endgültig feststand[10].

Die Entstehungsgeschichte zeigt also deutlich, daß die Wahl der BV-Richter als ein zentrales Problem angesehen wurde, dessen Regelung man *gerade nicht* dem Gesetzgeber überlassen wollte. Weiter war den Verfassungsgebern die Möglichkeit einer Wahl durch ein besonderes Gremium durchaus geläufig, wie sie sich ja auch bei der Berufung der Bundesrichter in Art. 95 III GG für eine Art indirekten Wahlverfahrens entschieden. Um so mehr muß aber auffallen, daß immer dann, wenn es um die Bestellung von Richtern eines selbständigen BVG ging, ausschließlich eine Wahl durch die parlamentarischen Gremien erwogen wurde. Ohne bereits hier auf die Bedeutung des Art. 94 II GG einzugehen, kann schließlich schon jetzt vermerkt werden, daß in den Beratungen von keiner Seite vorgetragen wurde, Art. 94 I 2 GG sei in irgendeiner Weise lückenhaft und bedürfe deshalb, etwa in bezug auf das erforderliche Abstimmungsquorum der Wahlgremien, der Ausfüllung durch den späteren Gesetzgeber.

---

[7] Drs. 374 vom 16. 12. 48; vgl. JÖR N.F. 1, S. 687.
[8] Drs. 492 vom 12. 1. 49, Steno-Prot. S. 7—9; vgl. JÖR N.F. 1, S. 688.
[9] 37. Sitzung des Hauptausschusses, HA-Steno S. 464; vgl. JÖR ebd.; *Holtkotten* ebd.; anders *Laufer* a.a.O. S. 88 f. Er behauptet, der Hauptausschuß sei auf den Vorschlag des Rechtspflegeausschusses, die Entscheidung über die Besetzung des BVG einem Bundesgesetz vorzubehalten, nicht eingegangen. Offenbar unter Verwechslung der Begriffe *Besetzung* und *Bestellung* meint er weiter, die von Laforet vorgeschlagene Regelung hätte dazu geführt, daß eine einfache Gesetzgebungsmehrheit den Modus der Bestellung von Verfassungsrichtern hätte bestimmen können. Er bemerkt zwar mit Recht, daß eine solche Lösung gegen die Idee des Verfassungsstaates verstoßen haben würde, übersieht jedoch, daß ein derartiger Vorschlag von keiner Seite gemacht worden war.
[10] 50. und 57. Sitzung des Hauptausschusses, HA-Steno S. 665 und S. 757; Drs. 850 vom 5. 5. 49.

b) Auslegung

Auslegung und Ergänzung des Art. 94 I 2 GG lassen sich unter drei verschiedenen Gesichtspunkten vornehmen. Einmal handelt es sich um Ergänzungen, die zur Schließung von Lücken erforderlich erscheinen, ein anderes Mal um solche, die zur Verwirklichung des Wahlergebnisses unerläßlich sind. Ein dritter, grundsätzlich anderer Gesichtspunkt ist die Überlegung, wie weit Art. 94 I 2 GG ergänzungsfähig ist, ohne in verfassungswidriger Weise in seinem Wesenskern ausgehöhlt zu werden[11]. Während letzteres in den nächsten Abschnitten zu erörtern sein wird[12], soll hier die Ermöglichung der Wahl untersucht werden[13].

Zur Durchführung der Wahl im Bundestag bedarf es einiger Vorschriften, die festsetzen, wie die Abstimmung im einzelnen vorzunehmen ist. Derartige Bestimmungen finden sich einmal im GG selbst, nämlich in Art. 42 II GG, zum anderen aber in der Geschäftsordnung des Bundestages (GeschOBT). Während die §§ 49—59 der GeschOBT, die für alle Beratungen und Abstimmungen des Bundestages gelten, keiner weiteren Ausführungen bedürfen, erscheint bezüglich Art. 42 II GG eine eingehendere Betrachtung angezeigt.

Satz 1 des Art. 42 II GG verlangt für einen Beschluß des Bundestages die sogenannte Abstimmungsmehrheit, worunter die Mehrheit der bei einer Abstimmung im Plenum abgegebenen Stimmen zu verstehen ist[14]. Diese Regelung gilt grundsätzlich gleichfalls für vom Bundestag vorzunehmende Wahlen[15], für die Art. 42 II 2 GG nur *ausnahmsweise* eine Sonderregelung zuläßt. Vom Grundsatz der Abstimmungsmehrheit sind Ausnahmen verschiedener Art gestattet. Einmal kann das GG selbst gem. Art. 42 II 1 GG eine Ausnahmeregelung treffen, wie das z. B. in Art. 63 II und III GG geschehen ist. Zum anderen kann die GeschOBT gem. Art. 42 II 2 GG Ausnahmen zulassen, wofür § 2 II GeschOBT ein Beispiel darstellt[16]. Da Geschäftsordnungen aber nach unbestrittener, all-

---

[11] Die Literatur vermeidet die Entscheidung, ob § 6 BVGG als Ergänzung des Art. 94 I 2 GG notwendig oder nur zulässig ist. Deshalb wird zwar einerseits die Unvollständigkeit des Art. 94 I 2 GG betont, andererseits aber § 6 BVGG nur als mit dem GG vereinbar bezeichnet. Vgl. statt vieler *Arndt* a.a.O. S. 298, und *Stern* a.a.O. Rdn. 71 und 81—84.
[12] s. unten I. A. 2. b).
[13] Dagegen handelt es sich bei der Verwirklichung des Wahlergebnisses um kein spezifisches Problem des Wahlverfahrens.
[14] Vgl. *Maunz/Dürig*, Grundgesetz, Kommentar, 1966, Art. 42 Rdn. 17; *v. Mangoldt/Klein*, Kommentar zum Grundgesetz, 1964, S. 930 f.
[15] Vgl. *Maunz/Dürig* a.a.O. Art. 42 Rdn. 14; *v. Mangoldt/Klein* a.a.O. S. 929.
[16] § 2 II GeschOBT verlangt für die Wahl des Bundestagspräsidenten und seiner Stellvertreter abweichend von Art. 40 I 1 GG die Mehrheit der abgegebenen gültigen Stimmen der Mitglieder des Bundestages.

gemeiner Anschauung Gesetzen im Range nachstehen[17], können ferner auch Gesetze gem. Art. 42 II 2 GG Ausnahmen anordnen[18]. Hierfür bietet § 13 des Gesetzes über den Wehrbeauftragten des Bundestages vom 26. 6. 57 ein Beispiel[19].

Nun regelt Art. 42 II 1 GG nicht das allgemeine Verfahren bei der Beschlußfassung des Bundestages, sondern setzt nur die für einen Beschluß erforderliche Mehrheit fest. Da Satz 2 aber nur zu Ausnahmen von Satz 1 ermächtigen kann, nicht dagegen zu einer allgemein vom Grundgesetz abweichenden Regelung eines Wahlverfahrens, darf es sich bei den auf Grund von Satz 2 vorgenommenen Ausnahmeregelungen immer nur um solche hinsichtlich der Abstimmungs*mehrheit* handeln[20]. Ferner dürfen derartige Ausnahmen nur eine im Vergleich zur Abstimmungsmehrheit des Art. 42 II 1 GG qualifizierte Mehrheit festsetzen[21], da erstere das Mindestmaß demokratischen Mehrheitserfordernisses überhaupt darstellt[22]. Daraus folgt also, daß für die Wahl eines BV-Richters im Bundestag gem. Art. 94 I 2 in Verbindung mit Art. 42 II GG *mindestens* die Mehrheit des abstimmenden Plenums erforderlich ist[23]. Zugleich steht damit auch fest, daß Art. 94 I GG hinsichtlich des Wahlvorganges keine Lücken aufweist[24], da er insoweit durch eine andere Grundgesetznorm sinnvoll und eindeutig ergänzt wird[25].

[17] Statt vieler vgl. *v. Mangoldt/Klein,* S. 915, und *Maunz/Dürig,* Art. 40 Rdn. 22, mit weiteren Nachweisen, sowie BVerfGE 1/148.

[18] Vgl. *Maunz/Dürig* Art. 42 Rdn. 27.

[19] Der gem. Art. 45 b GG vom Bundestag zu berufende Wehrbeauftragte ist gem. § 13 Satz 1 WbG mit der Mehrheit der Mitglieder des Bundestages zu wählen; vgl. auch *Maunz/Dürig* Art. 45 b, Rdn. 12.

[20] *v. Mangoldt/Klein* S. 932; *Maunz/Dürig* Art. 42 Rdn. 25. Art. 42 II 2 GG kann also § 6 V BVGG, der für die Richterwahl eine Stimmenmajorität von zwei Dritteln verlangt, decken, nicht dagegen das in § 6 I BVGG angeordnete indirekte Wahlverfahren.

[21] Die geforderte Mehrheit muß also mindestens der des Art. 42 II 1 GG entsprechen, wie dies z. B. bei § 55 II 4 GeschOBT der Fall ist; vgl. *Ritzel/Koch,* Geschäftsordnung des Deutschen Bundestages, 1952, § 55 Anm. 5c; *Lechner/Hülshoff,* Parlament und Regierung, 2. Aufl., 1958, S. 184 und 188.

[22] So ist auch in den oben genannten Beispielen der Art. 63, 40 und 45 b GG immer ein gegenüber Art. 42 II 1 GG qualifiziertes Quorum angeordnet.

[23] Über das in den §§ 6 V und 7 BVGG festgesetzte Quorum s. ausführlicher unten II. A. 2.

[24] Die Durchsetzung des eigentlichen Wahlergebnisses hängt gleichwohl von zahlreichen weiteren Faktoren ab, deren Regelung aus dem GG nicht zu entnehmen ist. Hierzu gehören einmal die Fragen der Errichtung, Einrichtung und Besetzung des Gerichtes, zum anderen die Regelung der Ernennung und Vereidigung der Richter, wie sie in einem demokratischen Rechtsstaat Voraussetzung für die Amtsausübung sind. Diesbezügliche Bestimmungen vermögen zwar *indirekt* auf das Wahlverfahren einzuwirken, regeln aber keine spezifischen Probleme der Wahl.

[25] Schon in einer seiner ersten Entscheidungen hat das BVG festgestellt, daß eine Verfassungsnorm nicht isoliert betrachtet werden darf, sondern aus ihrem Sinnzusammenhang mit dem ganzen GG heraus auszulegen ist, BVerfGE 1, 33; s. auch *Stern* in BK Art. 100 (2. Bearb. 1967), Rdn. 107.

Wäre Art. 94 I 2 GG unvollständig, wie ein Teil der Literatur annimmt[26], so müßte sich dies übrigens auch bei der entsprechenden Wahl der BV-Richter im Bundesrat erweisen, da § 7 BVGG lediglich ein erhöhtes Abstimmungsquorum festsetzt, zum notwendigen Wahlverfahren dagegen gar nichts beisteuert. Daß die Wahl im Bundesrat dennoch reibungslos vonstatten gehen kann, liegt an Art. 52 III 1 GG, der Art. 94 I 2 GG bezüglich des Bundesrates in der gleichen Weise ergänzt, wie Art. 42 II GG dies hinsichtlich des Bundestages tut[27].

2. Entstehungsgeschichte und Auslegung des Art. 94 II GG

Dieses Verständnis des Art. 94 I 2 GG steht offensichtlich in scharfem Gegensatz zu § 6 BVGG. Während der Text des Grundgesetzes vorschreibt, von wem und auf welche Weise die Richter zu wählen sind, und dem Gesetzgeber nur noch Fragen überläßt, die in einer Geschäftsordnung erschöpfend geregelt werden können[28], hat § 6 BVGG mit dem indirekten Verfahren einen Weg beschritten, der *erheblich* von dem abweicht, was man gewöhnlich unter einer Wahl *im* Bundestag versteht[29]. Dieses Vorgehen des Gesetzgebers ist nur dann gerechtfertigt, wenn es sich auf eine grundgesetzliche Ermächtigung zur abweichenden Ausgestaltung des Verfassungstextes stützen kann. Daß Art. 42 II GG eine solche Basis nicht zu bieten vermag, da er nur Ausnahmen hinsichtlich des Abstimmungsquorums zuläßt, wurde bereits dargelegt. Anders verhält es sich dagegen mit Art. 94 II GG, der dem Gesetzgeber den Auftrag gibt, u. a. die Verfassung des Gerichtes zu regeln[30]. Bevor geprüft werden kann, in welchem Umfang Art. 94 II GG die sehr erheblichen Abweichungen des § 6 BVGG von Art. 94 I 2 GG zu decken in der Lage ist, muß allerdings geklärt werden, ob das Wahlverfahren überhaupt zu den Problemen der Verfassung des Gerichts gerechnet werden kann[31].

a) Entstehungsgeschichte

Bereits der Verfassungskonvent von Herrenchiemsee hatte beschlossen, alle weniger zentralen Probleme der künftigen Verfassungsgerichtsbar-

---

[26] Vgl. oben Anm. 4; keiner der Autoren macht den Versuch, die Unvollständigkeit des Wahlverfahrens näher zu umreißen.
[27] s. näher *Maunz/Dürig* Art. 52 Rdn. 20 und 24; *v. Mangoldt/Klein* S. 1046.
[28] Vergleichbar etwa dem Verhältnis von Art. 63 GG zu § 5 GeschOBT.
[29] Hierzu die Einzelheiten s. unten I. B. 2.
[30] Art. 94 II verpflichtet auch zur Regelung des Verfahrens, womit jedoch unzweifelhaft nicht das der Richterwahl, sondern das des Gerichts gemeint ist. So auch BVerfGE 19, 91.
[31] Ausdrücklich tut dies *Stern* in BK Art. 94 Rdn. 112 und 114; im Ergebnis ebenso *Geiger* a.a.O. S. 2 und § 6 Anm. 2; vgl. auch *Wintrich/Lechner*, Grundgesetz, S. 696.

keit dem späteren Gesetzgeber zu überweisen[32]. Diese Haltung, die in Art. 100 V seines Entwurfes zum Ausdruck kam, wurde im wesentlichen vom Parlamentarischen Rat übernommen. Ausnahmen bildeten das Verfahren und die Besetzung des Gerichts sowie die Frage, in welchen Fällen die Entscheidungen des BVG Gesetzeskraft haben sollten[33]. Die Besetzung des Gerichts bei seinen Entscheidungen war in allen Entwürfen, die diskutiert wurden, in der einen oder anderen Weise geregelt[33], bis der Rechtspflegeausschuß auf Anregung des Abg. *Laforet* (CSU) in seiner neunten Sitzung am 7. 12. 48 beschloß, dem Hauptausschuß die Streichung des Abs. II des Art. 128 e zu empfehlen. Man war der Auffassung, die Frage könne doch dem Bundesgesetzgeber überlassen bleiben[34].

Der Hauptausschuß folgte in zweiter Lesung diesem Vorschlag und strich Art. 128 e II[35]. In der dritten Lesung wurden das Verfahren vor dem BVG und die Festsetzung der Fälle, in denen dessen Entscheidungen Gesetzeskraft haben sollten, ebenfalls dem Bundesgesetzgeber überwiesen[36]. Die vierte Lesung am 5. 5. 49 führte schließlich zu der in Art. 94 II GG niedergelegten Zusammenfassung[37]. Erst jetzt wurde das Wort Besetzung durch den Begriff Verfassung ersetzt, der damit zum ersten Male auftaucht. Man entschied sich wohl deshalb für Verfassung, weil dieser Begriff andere zweitrangige Fragen der Errichtung und Einrichtung mitumschloß[38].

b) Auslegung

Dieser entstehungsgeschichtlichen Einschränkung des Begriffes der Verfassung als eines Oberbegriffes für Errichtung, Einrichtung und Besetzung des Gerichtes steht die Auffassung *Sterns* gegenüber, der Wahl, Berufung und Abberufung der Richter mit zu den Fragen der Gerichtsverfassung zählt[39]. Der Widerspruch wird jedoch unerheblich, wenn man

---

[32] Vgl. Bericht, Kommentierender Teil S. 46; vgl. JÖR N.F. 1, S. 682; *Laufer* a.a.O. S. 43.

[33] Einzelheiten sind in diesem Zusammenhang entbehrlich; s. hierzu JÖR N.F. 1, S. 684 ff.

[34] Drs. 492 vom 12. 1. 49; Steno-Prot. S. 7—9; vgl. JÖR N.F. 1, S. 688.

[35] 37. Sitzung des Hauptausschusses am 13. 1. 49, HA-Steno S. 464; vgl. JÖR N.F. 1, S. 688; *Holtkotten* in BK Art. 94 (1. Bearb.) Anm. I. Anders *Laufer* a.a.O. S. 88 f.; darüber, daß *Laufer* Bestellung und Besetzung verwechselt, s. oben Anm. 9.

[36] Drs. 543 vom 25. 1. 49; Drs. 679 vom 2. 10. 49; 50. Sitzung des Hauptausschusses am 10. 2. 49, HA-Steno S. 665; vgl. JÖR N.F. 1, S. 689.

[37] Drs. 850 vom 5. 5. 49; 57. Sitzung des Hauptausschusses, HA-Steno S. 757; vgl. JÖR N.F. 1, S. 689.

[38] Die wirklichen Gründe für die Begriffsaustauschung lassen sich nicht mehr feststellen.

[39] Vgl. *Stern* in BK Art. 94 Rdn. 112 und 114. Die anderen Autoren drücken sich nicht so klar aus, meinen aber offensichtlich dasselbe. So führt z. B. *Klein*

darauf abstellt, daß der Verfassungsgeber zwar einerseits nicht dazu ermächtigen wollte, den von ihm vorgesehenen Wahlmodus abzuändern, daß er aber andererseits sicher damit rechnete, daß weitere Einzelheiten des Wahlverfahrens, soweit sie zur ordnungsgemäßen Besetzung des Gerichts erforderlich wären, später vom Gesetzgeber mitgeregelt werden würden. Während deshalb die Zulässigkeit der §§ 2—5 und 7 a—12 BVGG, soweit sie sich mit der Wahl der Richter befassen, keinen Bedenken ausgesetzt ist, muß bezüglich § 6 BVGG genau geprüft werden, ob das indirekte Wahlverfahren die Intentionen des Grundgesetzgebers nur ergänzt, oder ob es sie *modifiziert*[40]. Soll es sich bei § 6 BVGG nur um eine zulässige Ergänzung handeln, so muß Art. 94 I 2 GG sprachlich in der Weise ausfüllbar sein: Die Mitglieder des BVG werden je zur Hälfte vom Bundestage und vom Bundesrate in unmittelbarer oder mittelbarer Wahl gewählt. Eben dies ist die Auffassung der Literatur[41], während Art. 42 II GG den gegenteiligen Standpunkt nahelegt, Wahlen im Bundestag sollten nicht indirekt, sondern mindestens mit der Abstimmungsmehrheit *im Plenum* vorgenommen werden[42].

Die Verfassungsgeber glaubten, die wesentlichen Aspekte der Richterberufung bereits im Text des GG festlegen zu müssen[43]. Daß das indirekte

---

in *Maunz/Sigloch* u. a., a.a.O. Rdn. 33 der Vorbemerkung, i. S. der hier vertretenen einschränkenden Auslegung zunächst aus: „Unter Verfassung sind die organisatorischen Voraussetzungen für die Einrichtung des Gerichts, seine Stellung und seine Tätigkeit zu verstehen." Er fährt aber fort: „Zur Verfassung enthält das Grundgesetz selbst in Art. 94 I schon wichtige Regelungen über die Wahl der Richter und über Inkompatibilitäten. Offen geblieben sind dagegen insbesondere die Fragen des Wahlmodus..." Weitere Nachweise s. bei *Stern* ebd.

[40] In der Literatur herrscht Streit darüber, welchen Spielraum die Ermächtigung des Art. 94 II dem Gesetzgeber einräumt. Für einen weiteren Spielraum sind BVerfGE 1, 232; *Geiger* a.a.O. S. 2 und § 76 Anm. 8; *Hamann* a.a.O. Art. 94 Anm. A; *Lechner*, Grundrechte, a.a.O. S. 689. Dagegen meint *Gisela Babel*, Probleme der abstrakten Normenkontrolle, 1965, S. 62: „Die konkretisierende Bestimmung des Gesetzgebers muß sich in die von der Verfassung getroffene Regelung widerspruchslos einfügen lassen. Diese besondere Verfassungsnähe einer Konkretisierungsnorm begrenzt die Gestaltungsfreiheit des Gesetzgebers."
Diese enge Auffassung zu Art. 94 II GG hat sich in der neueren Literatur inzwischen durchgesetzt. Vgl. *Manfred Goessl*, Organstreitigkeiten innerhalb des Bundes, 1961, S. 77 f.; *Otto Bachof*, Die Prüfungs- und Verwerfungskompetenz der Verwaltung gegenüber dem verfassungswidrigen und dem bundesrechtswidrigen Gesetz, AÖR 87 (1962), S. 24 Anm. 53; *Ekkehard Schuhmann*, Verfassungs- und Menschenrechtsbeschwerde gegen richterliche Entscheidungen, 1963, S. 72 f. Anm. 24 mit weiteren Hinweisen; *Stern* in BK Art. 94 Rdn. 98—106; *Klein* in *Maunz/Sigloch* u. a., a.a.O. Rdn. 33 der Vorbemerkung.

[41] So *Arndt* a.a.O. S. 298; *Geiger* a.a.O. § 6 Anm. 2; Status des BVG, JÖR N.F. 6, S. 202. Ähnlich wohl auch *Stern* in BK Art. 94 Rdn. 71 und 83, *Klein* ebd. und *Hamann* ebd., die Art. 94 I 2 für unvollständig halten und § 6 BVGG als nähere Ausgestaltung tolerieren. Vgl. ferner *Lechner*, Kommentar, § 6 Anm. zu Abs. I.

[42] s. oben I. A. 1. b).

[43] Vgl. JÖR N.F. 1, S. 682 ff.; *Laufer* a.a.O. S. 42 ff.

Wahlverfahren gem. § 6 BVGG jedoch nicht als unwesentliches Detail betrachtet werden kann, geht schon daraus hervor, daß der Grundgesetzgeber selbst mit Art. 95 III GG für die Berufung der Bundesrichter ein ähnliches und in dieser Beziehung daher vergleichbares Verfahren eingeführt hat[44]. Wenn der Verfassungsgeber die *Berufung* der Bundesrichter einem mit Mitgliedern der Legislative und der Exekutive paritätisch besetzten Richterwahlausschuß übertragen hat, die *Wahl* der BV-Richter dagegen „dem Bundestage und dem Bundesrate"[45], so wollte er damit offenkundig der besonderen Bedeutung des BVG Rechnung tragen, nicht aber dem Gesetzgeber überlassen, die für die Berufung der Bundesrichter erarbeiteten Grundsätze auf die Wahl der BV-Richter zu übertragen[46].

Demgegenüber meint die Literatur in Anschluß an *Arndt,* in Art. 94 I 2 sei die Entscheidung zwischen unmittelbarer und mittelbarer Wahl offengeblieben. Hierfür werden die Art. 28 und 38 GG als Indiz angesehen, da sie erkennen ließen, daß das GG mittelbare Wahl grundsätzlich für möglich halte[47]. Diese Argumentation ist insofern zutreffend, als die Art. 28 I 2 und 38 I 1 GG in der Tat für die Wahlen der Volksvertretungen auf allen Ebenen ein *unmittelbares* Verfahren vorschreiben. Damit wird anerkannt, daß derartige Wahlen nach demokratischer Tradition auch auf indirektem Wege, nämlich über sogenannte Wahlmänner durchgeführt werden können[48]. Gerade weil bei Wahlen, an denen gewöhnlich das gesamte Wahlvolk beteiligt ist, ein Wahlmännersystem durchaus sinnvoll sein kann[49], der Verfassungsgeber aber *keinen* Wahlgang zwischen Stimmabgabe und Ermittlung der Abgeordneten eingeschaltet wis-

---

[44] Damit soll nicht der grundsätzliche Unterschied zwischen Wahlmännerausschuß und Richterwahlausschuß geleugnet werden.

[45] Die Begriffe Wahl und Berufung werden in der Sprache des Gesetzes bedauerlicherweise synonym gebraucht, weshalb sich ein sprachlich eindeutiges Abgrenzungskriterium zwischen Art. 94 I 2 und Art. 95 III GG nicht gewinnen läßt. Vgl. auch die §§ 6 und 7 BVGG, wo die zu „berufenden" Richter „gewählt" werden.

[46] Zur Wahl der Bundesrichter näher *Holtkotten* in BK Art. 95 Anm. A 4 und B; *Fritz Werner,* Organisationsrechtliche Fragen der Bundesgerichtsbarkeit, 1965, S. 97 ff.

[47] So ausdrücklich *Arndt* a.a.O. S. 298; vgl. auch *Geiger* a.a.O. § 6 Anm. 2; Status des BVG, JÖR N.F. 6, S. 202; *Lechner,* Kommentar, § 6 Anm. zu Abs. I.

[48] Historisch betrachtet stellt der Unmittelbarkeitsgrundsatz ein Verbot des Wahlmännersystems dar. So ausdrücklich *Erwin Jacobi,* Die verfassungsmäßigen Wahlrechtsgrundsätze als Gegenstand richterlicher Entscheidung, 1932, S. 64 f.; *Otto Uhlitz,* Über die Unvereinbarkeit des § 48 I 2 des Bundeswahlgesetzes mit dem GG, DÖV 1957, S. 468; *Hans Justus Rinck,* Der Grundsatz der unmittelbaren Wahl im Parteienstaat, JZ 1958, S. 193; *Maunz/Dürig* a.a.O. Art. 38 Rdn. 43; BVerfGE 7, 68.

[49] s. *Hans Peters,* Zur Kandidatenaufstellung für freie demokratische Wahlen, 1956, S. 350 ff.

sen wollte, hat er in Art. 28 und 38 GG unmittelbare Wahl vorgeschrieben[50].

Der von *Arndt* gezogene Umkehrschluß ist jedoch nur dann zulässig, wenn Wahlen *innerhalb* eines Parlaments traditionell ebenso als mittelbare oder unmittelbare durchgeführt werden können wie solche von Volksvertretungen[51]. Man muß fragen, welchen Zweck es haben soll, daß ein Parlament, das ja selbst bereits eine Delegiertenkammer darstellt, seinen Präsidenten oder das Haupt der Regierung in einem indirekten Verfahren von einem Auswahlgremium wählen läßt. Und selbst wenn sich ein solcher wenig sinnvoller Brauch irgendwo in der Welt gebildet haben sollte[51], ist damit noch nicht ausgemacht, daß das GG sich dieser Tradition verpflichtet fühlt und es dem Gesetzgeber anheim stellt, für die Wahl des Bundespräsidenten, des Wehrbeauftragten oder des Bundeskanzlers nach Art. 40 I, 45 b, 63 GG ein indirektes Wahlverfahren auszuklügeln. Eher läßt sich aus dem Grundgesetz der gegenteilige Eindruck gewinnen, wenn in dessen Text nirgends ein indirektes Wahlverfahren angeordnet wird, hingegen an der einzigen Stelle, wo traditionell eine mittelbare Wahl wenigstens denkbar wäre, diese ausdrücklich *untersagt* ist.

Diese Auffassung wird erhärtet durch Art. 42 II GG, der für einen „Beschluß des Bundestages" die Mehrheit der Abstimmenden verlangt, womit evident nicht die irgend eines Ausschusses, sondern nur die des *Plenums* gemeint sein kann. Da Art. 42 II GG im zweiten Halbsatz seines ersten Satzes und in seinem zweiten Satz darüber hinaus alle möglichen Ausnahmen vom Grundsatz der Abstimmungsmehrheit erschöpfend aufzählt, spricht er schließlich selbst ein *Verbot* des indirekten Wahlverfahrens aus[52].

3. Ergebnis

Damit führt die Untersuchung des Art. 94 GG zu dem Ergebnis, daß das Schweigen in Abs. I 2 über Unmittelbarkeit oder Mittelbarkeit der

---

[50] Die historische Weiterentwicklung hat dazu geführt, daß der Unmittelbarkeitsgrundsatz heute nicht mehr auf ein Verbot des Wahlmännersystems beschränkt ist, vgl. *Rinck* ebd. Zu den Anforderungen, die deshalb heute an die unmittelbare Wahl gestellt werden, s. näher BVerfGE 7, 84 f.; *v. Mangoldt/ Klein* a.a.O. S. 880; *Maunz/Dürig* a.a.O. Art. 38 Rdn. 43—45; *Schmidt-Bleibtreu/ Klein*, Kommentar zum Grundgesetz für die Bundesrepublik Deutschland, 1967, Art. 38 Rdn. 16; *Peters* a.a.O. S. 342 ff.; *Peter Badura* in BK Art. 38 (2. Bearb. 1966) Anhang Rdn. 14—15; *Karl-Heinz Seifert*, Das Bundeswahlgesetz, 1957, S. 29 f.
[51] Dies bejahen *Geiger*, a.a.O. § 6 Anm. 2, und *Stern*, a.a.O. Rdn. 83, ohne indes Beispiele für diese Tradition anzubieten.
[52] Eine andere Auslegung von Satz 2 würde dazu führen, daß der Bundestag in seiner Geschäftsordnung die Wahl des Bundeskanzlers abweichend von Art. 63 GG regeln könnte.

Wahl ein beredtes Schweigen ist. Die Wahl durch den Bundestag soll so vonstatten gehen, wie sie üblicherweise gem. Art. 42 II in Verbindung mit den entsprechenden Geschäftsordnungsbestimmungen vorgenommen wird. Was für die Art. 40 I, 45 b oder 63 GG recht ist, das soll für Art. 94 I 2 GG billig sein[53]. Demgegenüber führt § 6 BVGG zu einer *Sonder*behandlung der BV-Richterwahl, die das grundgesetzlich festgelegte Verfahren nicht ausfüllt, sondern modifiziert. Da Art. 94 II GG aber nur zu solchen konkretisierenden Regelungen ermächtigt, die die vom Grundgesetzgeber bezweckten Ziele ergänzen oder zu Ende führen[54], vermag auch er das Wahlverfahren gem. § 6 BVGG *nicht* zu decken. Dies hat die Verfassungswidrigkeit des § 6 I BVGG zur Folge.

Die Untersuchung kommt damit bereits jetzt zu einem negativen Ergebnis, obwohl die Einzelheiten des § 6 BVGG noch nicht erörtert worden sind. Im folgenden soll aber gezeigt werden, daß auch die Abs. II und IV gegen die Verfassung verstoßen und daher im Falle der Verfassungsmäßigkeit von Abs. I ihrerseits die *Unhaltbarkeit* des Wahlverfahrens begründen würden. Dies ist wichtig zu wissen für alle zukünftigen Überlegungen mit dem Ziel, das derzeitige Wahlverfahren durch ein verfassungskonformes zu ersetzen. Da hierfür ferner nicht gleichgültig sein kann, wie Praktikabilität und Zweckmäßigkeit des bisherigen Wahlverfahrens nach nunmehr 18 Jahren zu beurteilen sind, soll sich der folgende Abschnitt nicht nur mit einzelnen Rechtsfragen, sondern mit der gesamten Handhabung des Wahlverfahrens nach § 6 BVGG befassen.

Abschnitt B

Entstehungsgeschichte, Handhabung und Zweckmäßigkeit des § 6 I-IV BVGG

Der Untersuchung von Handhabung und Zweckmäßigkeit des indirekten Wahlverfahrens soll die Entstehungsgeschichte des § 6 BVGG vorangestellt werden, um darzutun, welche möglichen Lösungen der Wahlfrage vom Gesetzgeber erörtert wurden und warum er sich schließlich für die in § 6 BVGG normierte entschied.

---

[53] Auch *Stern* bemerkt a.a.O. Rdn. 83, daß das GG von der Wahl der BV-Richter durch den Bundestag in Art. 94 I 2 nicht anders spreche als von der des Bundeskanzlers in Art. 63 I.

[54] Vgl. *Stern* a.a.O. Rdn. 105.

1. Entstehungsgeschichte

Die Entstehungsgeschichte des § 6 BVGG zerfällt in zwei Abschnitte, nämlich einmal die Verabschiedung der Absätze I—III und V im Jahre 1951, und zum anderen die Einführung des Abs. IV im Jahre 1956, der für die Wahl eine Verschwiegenheitspflicht einführte[1]. Da die Beratungen im Jahr 1951 einerseits und 1956 andererseits in einem sehr verschiedenen politischen Klima stattfanden und zu sehr unterschiedlichen Parteiungen führten, sollen sie hier getrennt voneinander erörtert werden.

a) 1950/51

Der erste Entwurf eines Gesetzes über das BVG wurde am 14. 12. 49 von der SPD-Fraktion als Initiativantrag nach Art. 76 I GG im Bundestag eingebracht[2]. Ihm folgte ein Entwurf der Bundesregierung, der, nachdem er den Bundesrat passiert hatte[3], dem Bundestag am 28. 3. 50 zugeleitet wurde und den dieser in seiner 56. Sitzung am 31. 3. 50 dem Ausschuß für Rechtswesen und Verfassungsrecht (Rechtsausschuß) überwies[4]. Das Problem der Richterwahl wurde in den Vorschlägen sehr unterschiedlich behandelt, wenngleich beide zum Ziel hatten, ein Wahlverfahren zu finden, das alle Gruppen des Parlaments beteiligte, ohne zu einem reinen Proporzsystem zu führen. Dies war der Grund, warum nach Überzeugung aller Beteiligten sowohl ein Mehrheitswahlrecht, als auch ein Verhältniswahlrecht ausschieden und allein ein Verfahren in Frage kam, das über parteipolitische Gegensätze hinweg zu Kompromissen zwang[5]. Während der Entwurf der SPD für die Wahl im Bundestag ein indirektes Verfahren vorsah, das im wesentlichen dem späteren § 6 BVGG glich[6], trat die Regierungsvorlage für eine Wahl im Plenum ein. Sowohl im Bundestag als auch im Bundesrat sollten die Richter mit Zweidrittelmehrheit des Hauses gewählt werden. Für den Fall aber, daß eine solche Mehrheit nicht zustande käme, sollten in einer Doppelwahl jeweils zwei Richter gleichzeitig gewählt werden, wodurch die Minderheit im Extremfall die Hälfte aller Richter hätte wählen können[7].

---

[1] Zur Entstehungsgeschichte von 1950 s. *Geiger* a.a.O. Einleitung IV 1—10; *Lechner*, Kommentar, a.a.O. Einleitung 4.; *Wolfgang Kralewski* und *Karl Heinz Neunreither*, Oppositionelles Verhalten im ersten Deutschen Bundestag 1949—1953, 1963, S. 33—75; *Laufer* a.a.O. S. 93 ff. Zur Entstehungsgeschichte von 1956 gibt es nur wenige Hinweise bei *Laufer* S. 176 ff.

[2] BTags-Drs. 328 vom 14. 12. 49; vgl. *Geiger* a.a.O. Einl. IV 4, 5.

[3] Einzelheiten bei *Geiger* a.a.O. IV 4; *Laufer* a.a.O. S. 100 f.

[4] BTags-Drs. 788 vom 28. 3. 50; BTags-Prot. 2095 D-2096 A.

[5] Vgl. *Geiger* a.a.O. § 6 Anm. 2; *Laufer* a.a.O. S. 105 f.

[6] §§ 5 und 6 SPD-Entwurf. Für den Bundesrat sah § 7 SPD-Entwurf eine Wahl mit Zweidrittelmehrheit im Plenum vor.

[7] § 6 Regierungsentwurf. Ähnlich § 3 des Gesetzes über den Verfassungsgerichtshof des Landes Nordrhein-Westfalen vom 4. 3. 52; vgl. *Geiger* a.a.O.

Bereits in der ersten Beratung des Rechtsausschusses am 15. 3. 50, die sich nur mit dem SPD-Entwurf befaßte, da der Regierungsentwurf dem Bundestag noch nicht vorlag, kam auch das Wahlverfahren zur Sprache[8]. Dabei wurden die sachlichen Vorzüge des Wahlmännersystems zwar von den Regierungsparteien anerkannt, gleichzeitig aber verfassungsrechtliche Bedenken angemeldet. Der Abg. *v. Merkatz* (DP), der sich mit dieser Frage ausführlicher auseinandersetzte, hielt den SPD-Vorschlag für nicht der Verfassung entsprechend[8]. Er meinte, über diese verfassungsrechtlichen Bedenken komme man auch nicht hinweg, wenn man den Gedanken als richtig anerkenne, durch eine indirekte Wahl die Qualität der Mitglieder zu verbessern und Persönlichkeiten zu finden, die das Vertrauen der Allgemeinheit und nicht nur das der sie nominierenden Parteien besitzen. Der Bundestag sei nach dem GG nicht in der Lage, seine Befugnis an Wahlmänner zu delegieren[9].

Die gegenteilige Auffassung vertrat der Abg. *Arndt* (SPD), der in seiner Antwort nochmals die Motive des SPD-Entwurfes darlegte[9]. Er meinte, eine Zweidrittelmehrheit, wie sie der Regierungsentwurf vorsehe, sei im Plenum niemals zu erreichen, wohl aber in einem herauskristallisierten Wahlmännergremium, das in Klausur tage. Die verfassungsrechtlichen Bedenken schob er mit dem nicht gerade glücklichen Vergleich beiseite, der Bundestag delegiere ja auch nicht seiner Mehrheit die Entscheidung über Gesetze, wenn solche nur mit der Mehrheit und nicht auch mit der Minderheit beschlossen würden. Ähnlich liege es hier, da es sich nicht um Delegation handle und die Wahlmänner ja auch Mitglieder des Bundestags sein müßten. Im übrigen war er der Meinung, das GG lasse die Entscheidung zwischen indirekter und direkter Wahl offen. Diese Argumentation verfing jedoch offensichtlich ebensowenig wie *Arndts* Verweis auf Präzedenzfälle in Bremen und Hessen[10]. Um die verfassungsrechtlichen

---

§ 6 Anm. 2; *Laufer* a.a.O. S. 106 macht demgegenüber die Einschränkung, eine solche Interpretation setze voraus, daß jeder Wahlberechtigte je Wahlgang nur über eine Stimme verfüge. Habe er dagegen zwei Stimmen, so werde der Minderheitenschutz hinfällig. Diese Auslegung vermag jedoch nicht zu überzeugen, da der Regierungsentwurf dann statt der Doppelwahl für den zweiten Wahlgang gleich die einfache Mehrheit hätte vorschreiben können. Zumindest ging der Rechtsausschuß bei seinen Beratungen davon aus, der Nachteil des Regierungsentwurfes liege darin, daß er eine starke Begünstigung der jeweils *zweitstärksten* Fraktion bedeute, die immer die Wahl von 50 % aller Richter bestimmen würde. Steno-Prot. der 27. Sitzung des Rechtsausschusses am 18. 4. 50. In diesem Sinne vgl. auch *Geiger* ebd.

[8] Steno-Prot. der 21. Sitz. des Rechtsaussch. am 15. 3. 50; vgl. *Laufer* a.a.O. S. 115, der allerdings die Kontroverse um die Verfassungsmäßigkeit nicht erwähnt; vgl. auch *Lechner,* Kommentar, a.a.O. Einleitung 4.

[9] Ebd.

[10] Ebd.; die Singularität des BVG gestattet Vergleiche mit ähnlichen Einrichtungen nur unter ganz besonderen Umständen, vgl. *Stern* Art. 94 Rdn. 83. Die von *Arndt* benannten Präzedenzfälle in Bremen (Art. 139 Bremer Verfassung vom 21. 10. 47 und § 2 Bremer StGG vom 21. 6. 49) und Hessen (Art. 130 I, II Hessische Verfassung vom 11. 12. 46 und §§ 5 und 6 Hessisches StGG vom

Bedenken zu überwinden, wurde deshalb in Erwägung gezogen, die Entscheidung des Wahlmännerkollegiums durch Beschluß des Plenums bestätigen zu lassen, oder aber auch bei der Wahl im Bundestag analog zu dem Wahlverfahren im Bundesrat zu handeln[11].

Als sich Regierungsparteien und Opposition im Ausschuß in vielen Einzelfragen nicht einigen konnten, wurde in der 54. Sitzung am 12. Juli ein Unterausschuß gebildet[12], der in der Folgezeit bis Oktober einen Kompromißvorschlag erarbeitete[13]. Leider existieren von diesem Unterausschuß keine Sitzungsprotokolle. Es bleibt deshalb dunkel, wie die verfassungsrechtlichen Bedenken der Mehrheit im Unterausschuß überwunden wurden. Der Abg. *Wahl* (CSU) berichtete dem Rechtsausschuß am 25. 10. 50 lediglich, man habe sich für ein indirektes Wahlverfahren entsprechend dem SPD-Entwurf entschieden, da es schwer sei, die 400 Mitglieder des Bundestages direkt wählen zu lassen[14]. In der 66. Sitzung ergänzte er seine Ausführungen dann noch mit dem Hinweis, im Unterausschuß sei die Frage aufgerollt worden, ob die indirekte Wahl überhaupt mit dem GG vereinbar sei. Man habe sich aber auf den Standpunkt gestellt, daß der Ausdruck in Art. 94 I 2 „werden gewählt" so allgemein gefaßt sei, daß darunter auch die indirekte Wahl verstanden werden könne, und man habe geglaubt, diese Lösung aus praktischen Gründen annehmen zu sollen[15].

Als *v. Merkatz* (DP) später im Plenum in der zweiten Lesung am 18. 1. 1951 die Ausschußvorlage begründete, begnügte er sich mit der kurzen Feststellung: „Im Ausschuß wurden Bedenken geäußert, ob diese indirekte Wahl verfassungsrechtlich zulässig ist. Der Ausschuß ist zu dem Ergebnis gekommen, daß dieses indirekte Wahlverfahren das Richtige und auch verfassungsrechtlich zulässig ist[16]."

Weder in der zweiten[17], noch in der am 1. 2. 51 folgenden dritten Lesung des BVGG wurde im Plenum von irgendeiner Seite auf die Problematik

---

12. 12. 47) sind für einen Vergleich völlig ungeeignet; vgl. näher *Geiger* a.a.O. S. 345 ff. und 351 ff.

[11] Prot. der 27. Sitz. d. Rechtsaussch. am 18. 4. 50.

[12] Steno-Prot. der 54. Sitz. d. Rechtsaussch. am 12. 7. 50.

[13] Vgl. *Geiger* a.a.O. Einleitung IV 5, 6; *Laufer* a.a.O. S. 122 f.

[14] Steno-Prot. der 65. Sitz. d. Rechtsaussch. am 25. 10. 50; vgl. *Laufer* a.a.O. S. 124. Nach seiner Ansicht wurde der SPD-Vorschlag in dieser Sitzung als Ausgleich für ein Zugeständnis der SPD in der Frage der Ämterqualifikation angenommen.

[15] Steno-Prot. der 66. Sitz. d. Rechtsaussch. am 3. 11. 50.

[16] BTags-Prot. der 112. Sitzung, 4223 B.

[17] Ebd. 4218 A — 4235 D; BTags-Prot. der 114. Sitzung, 4287 C — 4304 A. Die zweite Lesung begann in der 112. Sitzung und wurde in der 114. Sitzung am 25. 1. 51 mit der Einzelberatung zahlreicher Anträge fortgesetzt; vgl. hierzu *Laufer* a.a.O. S. 129 ff.

des Wahlverfahrens eingegangen[18]. Nachdem das BVGG in dritter Lesung gegen die Stimmen der KPD-Fraktion am 1. 2. 51 einstimmig angenommen war[19], verzichtete der Bundesrat in seiner 49. Sitzung am 9. 2. 51 auf die Anrufung des Vermittlungsausschusses gem. Art. 77 II GG[20]. Am 12. 3. 51 wurde das Gesetz vom Bundespräsidenten unterzeichnet und am 16. 4. 51 im Bundesgesetzblatt verkündet (S. 243). Damit trat es am 17. 4. 51 in Kraft[21].

b) 1955/56

Am 10. 9. 1955 leitete die Bundesregierung dem Bundestag den Entwurf eines Gesetzes zur Änderung des BVGG zu, der sich unter anderem auch mit der Wahl der Verfassungsrichter befaßte[22]. In der ersten Lesung dieses Gesetzes am 27. 10. 55 begründete *Arndt* (SPD) die Überflüssigkeit einer Änderung des Wahlmodus nach § 6 BVGG mit dem Hinweis, die Sitzungen des Wahlmännergremiums seien nicht geheim und man wisse deshalb, daß bisher alle Wahlen einstimmig erfolgt seien[23]. Vermutlich eine Folge dieses Exkurses war es, daß *Wahl* (CDU/CSU) in der 120. Sitzung des Rechtsausschusses am 19. 3. 56 bei der Beratung des Änderungsgesetzes vorschlug, dem § 6 III BVGG einen Satz 2 anzufügen, wonach die Wahlmänner zur Verschwiegenheit verpflichtet seien. Zur Begründung meinte er, das Fehlen einer derartigen Bestimmung stelle offenbar ein redaktionelles Versehen dar[24].

Tatsächlich war schon in den Beratungen des BVGG im Jahre 1950 von seiten der CDU der Wunsch geäußert worden, die Wahlen sollten geheim sein. Demgegenüber hatten jedoch die Abg. *Arndt* (SPD) und *Zinn* (SPD) auf die schlechten Erfahrungen hingewiesen, die man im Richterwahlausschuß mit der Geheimhaltung gemacht hatte. Man habe wiederholt erlebt, daß über einen Kandidaten nur Positives geäußert worden sei, die Abstimmung dann aber ohne erkennbaren Grund zahlreiche Neinstim-

---

[18] BTags-Prot. der 116. Sitzung, 4413 A — 4419 B.

[19] Ebd. 4419 B.

[20] BRats-Sitzungsbericht Nr. 49 der 49. Sitzung am 9. 2. 51, 87 A — 92 D; zur Zustimmung im Bundesrat im einzelnen vgl. *Geiger* a.a.O. Einleitung IV 10; *Laufer* a.a.O. S. 134 ff.

[21] Vgl. *Lechner*, Kommentar, a.a.O. Einleitung 4.

[22] BTags-Drs. 1662. Dieser Entwurf war vorher bereits im Bundesrat, in der Öffentlichkeit und beim BVG selbst auf teilweise heftige Kritik gestoßen; vgl. die Einzelheiten bei *Laufer* a.a.O. S. 176 ff.

[23] BTags-Prot. der 109. Sitz. am 27. 10. 55, 5948 A. *Arndt* wandte sich damit gegen den Vorwurf, nach dem geltenden Verfahren werde immer der Wahlpartner mit dem geringsten Gemeinsinn und Verantwortungsgefühl den Ausschlag geben, den der Bundesrichter Willms erhoben hatte; vgl. *Günther Willms*, Kunstvolles Gleichgewicht?, NJW 1955, S. 1210.

[24] Prot. der 120. Sitz. d. Rechtsaussch. am 19. 3. 56.

Abschnitt B: Erörterung des § 6 BVGG

men ergeben habe[25]. Auf Vorschlag der FDP hatte man sich dann darauf geeinigt, eine Vorschrift sei entbehrlich, da es dem Ausschuß ja unbenommen bleibe, Geheimhaltung zu beschließen[26].

In der Sitzung am 19. 3. 56 unterstützte der Abg. *Weber* (CDU/CSU) den Vorschlag *Wahls* mit dem Hinweis, es liege im Interesse der Kandidaten, daß möglichst wenig von dem, was im Wahlmännergremium besprochen werde, an die Öffentlichkeit komme. Das gelte besonders dann, wenn jemand nicht gewählt worden sei. Demgegenüber vertrat der Abg. *Gille* (GB/BHE) die Auffassung, die Wahl der BV-Richter sei eine politische Entscheidung, die nicht geheim erfolgen könne[27]. *Arndt* (SPD) hielt eine Bestimmung für unbedenklich, die die Wahlmänner verpflichte, über die ihnen aus den Personalakten bekanntgewordenen Tatsachen Verschwiegenheit zu bewahren. Dagegen dürfe es keine Geheimhaltung darüber geben, daß ein Kandidat nicht die erforderliche Stimmenmehrheit gefunden habe. Zudem sei dieser wenigstens in persönlicher und fachlicher Hinsicht rehabilitiert, wenn er erfahre, daß er von einer bestimmten politischen Richtung abgelehnt worden sei. Für die Abstimmung im Wahlmännergremium könne ein gewisser Zwang zur Wahrhaftigkeit außerdem nur von Wert sein[28].

In der 123. Sitzung am 23. 3. 56 kam dann das Problem der Geheimhaltung erneut zur Sprache[29]. Dabei regte *Weber* (CDU/CSU) an, die vorgesehene Bestimmung möglichst der des § 6 II Richterwahlgesetz anzugleichen, damit die Problematik der Auslegung und Reichweite der Verschwiegenheitspflicht in beiden Fällen gleich gelagert sei[30]. Ergänzend wies *Wahl* (CDU/CSU) darauf hin, daß der Wunsch nach einer Verschwiegenheitspflicht auch von BV-Richtern geäußert worden sei[31]. Gegen dieses Bestreben wandte *Arndt* (SPD) ein, ihm sei bisher kein Fall einer Indiskretion aus den Reihen des Wahlmännergremiums bekannt geworden. Ferner könne man keinesfalls die Regelung des Richterwahlgesetzes übernehmen. Einmal sei schon dort sehr umstritten, wie weit die

---

[25] *Werner Weber*, Das Richtertum in der deutschen Verfassungsordnung, 1953, S. 266, meint, der Richterwahlausschuß scheine für profilierte Persönlichkeiten schwerer passierbar zu sein. Auch werte die Anonymität der Wahlentscheidung die personalpolitische Verantwortung in bedauerlicher Weise ab.
[26] Prot. der 75. Sitz. d. Rechtsaussch. (1. Wahlperiode) am 9. 12. 1950.
[27] Prot. der 120. Sitz. d. Rechtsaussch. am 19. 3. 56; vgl. auch *Laufer* a.a.O. S. 194.
[28] Prot. der 120. Sitz. d. Rechtsaussch.
[29] Steno-Prot. der 123. Sitz. d. Rechtsaussch. am 23. 3. 56.
[30] § 6 II 1 Richterwahlgesetz lautet: „Die Mitglieder sind zur Verschwiegenheit verpflichtet."
[31] *Laufer* a.a.O. S. 194 leitet daraus ab, das BVG selbst habe den Anstoß zur Einführung des § 6 IV BVGG gegeben. Dagegen geht aus dem Prot. der 123. Sitz. hervor, daß Wahl später einschränkte, der Wunsch entstamme nicht dem Votum des BVG, sondern komme aus München.

Verschwiegenheitspflicht reiche[30], zum anderen aber sei die Wahl der BV-Richter eine Entscheidung, die politisch von den beteiligten Parlamentsfraktionen verantwortet werden müsse, auch wenn diese ihren Mitgliedern im Wahlmännergremium keine Anweisungen geben könnten. Wer zum BVG kandidiere, müsse damit einverstanden sein, daß seine Kandidatur erörtert werde[29].

Die Argumente der Opposition fanden jedoch bei der Mehrheit des Ausschusses kein Gehör. Statt dessen enthielt der schriftliche Bericht des Rechtsausschusses für die zweite Lesung im Plenum den Vorschlag eines neuen Abs. IV zu § 6 BVGG über die Verschwiegenheitspflicht[32].

Diesen Vorschlag zu streichen verlangte ein Antrag der SPD[33], den der Abg. *Wittrock* (SPD) in der zweiten Lesung am 20. 6. 56 begründete[34]. Wittrock erinnerte zunächst daran, daß die BV-Richterwahl eine politische Handlung sei, für die letzten Endes das Parlament die Verantwortung trage. Dies sei jedoch unmöglich, wenn das demokratische Prinzip der Publizität durchbrochen werde. Zwar werde das öffentliche Interesse nicht berührt, solange die Verschwiegenheitspflicht nur die persönlichen Verhältnisse betreffe, doch seien diese schwer abzugrenzen, wenn es um die juristische und vor allem die demokratische Qualifikation eines Bewerbers gehe[35].

Nach diesen verfassungspolitischen kam *Wittrock* im einzelnen auf drei verfassungsrechtliche Bedenken zu sprechen. Er ging davon aus, daß das Wahlmännergremium nur ein Hilfsorgan sei, das, bildlich gesehen, als Hand des Parlaments die Wahl vollziehe. Mit der Einführung der Verschwiegenheitspflicht werde nun aber ein Schnitt vorgenommen, der das Hilfsorgan endgültig vom Parlament löse. Denn nun könne letzteres die Verantwortung für die Wahl nicht mehr tragen, da ihm verwehrt sei, vom Wahlmännerausschuß Rede und Antwort zu verlangen[36]. Das zweite verfassungsrechtliche Bedenken *Wittrocks* gründete sich auf Art. 42 I GG. Er meinte, der Grundsatz der Öffentlichkeit, der für das ursprüngliche Wahlorgan gegolten habe, müsse auch für die Verhandlungen und Abstimmungen im Wahlmännerausschuß als dem Hilfsorgan des Plenums gelten. Nach Art. 42 I GG könne eine Vertraulichkeit der Verhandlungen und Abstimmungen aber nur mit einer Zweidrittelmehrheit des Parlaments beschlossen werden. Mithin sei der vorgesehene § 6 IV BVGG ver-

---

[32] BTags-Drs. 2388, II 2 b. Der Text gleicht wörtlich dem jetzigen § 6 IV BVGG.
[33] Umdruck 647 Ziffer 2.
[34] BTags-Prot. der 150. Sitzung am 20. 1. 56, 7942 C — 7944 D. Zur 2. und 3. Lesung des Änderungsgesetzes sowie zum Antrag der SPD allgemein s. *Laufer* a.a.O. S. 195 ff.
[35] BTags-Prot. der 150. Sitzung, 7942 D — 2943 B.
[36] Ebd. 7943 B — 7943 C.

Abschnitt B: Erörterung des § 6 BVGG

fassungswidrig[37]. Der dritte Einwand betraf das sogenannte Prinzip der Gleichordnung zwischen Bundestag und Bundesrat, die beide als ursprüngliche Wahlorgane gleiche Rechte und gleiche Pflichten hätten. Die vorgesehene Sonderregelung diskriminiere aber den Bundestag, da für den Bundesrat keine entsprechende Verschwiegenheitspflicht bestehe[38].

Abschließend verwahrte sich *Wittrock* dagegen, den Wahlmännerausschuß mit dem Richterwahlausschuß oder etwa dem Personalgutachterausschuß, bei denen die Verschwiegenheitspflicht bestehe, zu vergleichen, da dies wegen der rechtlichen Bedeutung des Wahlmännerausschusses nicht möglich sei. Während in jenen die letzte Entscheidung beim Minister liege[39], sei gem. § 6 BVGG zum Richter gewählt, wer die erforderliche Mehrheit erhalten habe[40].

Diesen massiven Angriffen *Wittrocks* hatte der Abg. *Platner* (CDU/CSU), der für die Regierungsparteien antwortete, nicht viel entgegenzusetzen. Er gab zwar zu, daß der Wahlmännerausschuß nur ein Hilfsorgan sei, meinte aber, diesem sei der Wahlakt als selbständig vorzunehmende Handlung delegiert und damit die Wahl übertragen worden[41]. Obwohl der Abg. *Grewe* (SPD) demgegenüber noch einmal betonte, das Plenum habe nicht nur das gute Recht, sondern sogar die Pflicht, vom Wahlmännergremium Rechenschaft zu verlangen[42], und obwohl der Abg. *Gille* (GB/BHE) darauf hinwies, daß, wer sich als Bewerber der rauhen Atmosphäre politischer Entscheidung aussetze, nicht empfindlich sein dürfe[43], wurde der Antrag der SPD-Fraktion auf Streichung des Abs. IV von § 6 BVGG abgelehnt[44]. Am 20. 6. 56 nahm der Bundestag die Novelle zum BVGG an und führte damit eine Verschwiegenheitspflicht ein, wie sie vorher schon für die Wahl der Bundesrichter bestanden hatte[45].

---

[37] Ebd. 7943 C.
[38] Ebd. 7943 D; im Bundesrat sind sowohl Sitzung als auch Abstimmung bei der Richterwahl öffentlich, vgl. Art. 52 III 3 GG und § 8 GeschOBR. So ausdrücklich auch *Grewe* in der gleichen Sitzung, BTags-Prot. 7946 D und 7949 C. Ein eindrucksvolles Beispiel hierfür bildet die Wahl des BVG-Vizepräsidenten *Rudolf Katz* am 6. 9. 51, BRats-Sitzungsbericht der 66. Sitzung am 6. 9. 51, 597 D — 598 A; vgl. auch *Laufer* a.a.O. S. 222 ff.
[39] Nach § 12 I RiWG entscheidet der Richterwahlausschuß zwar mit der Abstimmungsmehrheit, der zuständige Minister ist aber gem. § 13 RiWG nur dann verpflichtet, beim Bundespräsidenten die Ernennung (Art. 60 I GG) des Gewählten zu beantragen, wenn er der Entscheidung des Ausschusses zustimmt.
[40] BTags-Prot. der 150. Sitzung, 7944 A, B.
[41] Ebd. 7945 A, B.
[42] Ebd. 7946 B.
[43] Ebd. 7945 D.
[44] Ebd. 7950 A.
[45] Ebd. 7977 B; § 6 II 1 RiWG und § 6 IV BVGG weichen zwar in der Formulierung voneinander ab, führen aber zu nahezu demselben Ergebnis; s. näher *Lechner*, Kommentar, a.a.O. § 6 Anm. zu Abs. IV.

c) Zusammenfassung

Wenn bei der eben geschilderten Entstehungsgeschichte des § 6 BVGG die des Abs. IV einen weiteren Raum einnahm als die der Absätze I—III, so hat das seinen Grund darin, daß die Auseinandersetzungen im Rechtsausschuß und im Plenum im Jahre 1956 für die rechtliche Beurteilung des Abs. IV sehr viel aufschlußreicher sind, als die des Jahres 1950 für das Verständnis der Absätze I—III.

Im Jahre 1950 fand die Ausarbeitung des § 6 BVGG wegen dessen verfassungsrechtlicher Bedeutung in dem Bemühen statt, unter allen Umständen zu einem Kompromiß zu gelangen, der die Billigung aller demokratischen Parteien finden konnte[46]. Dieses Bestreben und die Vorzüge des indirekten Wahlverfahrens[47] waren es offenbar, denen die verfassungsrechtlichen Bedenken der Regierungsparteien *geopfert* wurden. Um das GG nicht bereits ein Jahr nach Inkrafttreten vor aller Augen ändern zu müssen, entschied man sich wohl für eine *Interpretation* der Verfassung, die einem eigentlich nicht zustand[48]. Erleichtert wurde dieses Verhalten vermutlich durch die Überlegung, daß das BVGG ja erst die Voraussetzungen für die Entstehung des BVG als einem berufenen Verfassungsinterpreten schaffen werde. Da alle demokratischen Parteien das Vorgehen billigten[49], war es zudem wenig wahrscheinlich, daß das künftige BVG eines Tages in Versuchung geführt werden könnte, durch Ablehnung des indirekten Wahlverfahrens selbst seine Legitimation in Frage zu stellen[50].

War es der SPD somit gelungen, im Jahre 1950 die Bedenken der Regierungsparteien zu zerstreuen, so war 1956 sie selbst es, die verfassungsrechtliche Argumente gegen § 6 IV BVGG ins Feld führte. Die Verbissenheit, mit der ihre Sprecher um diese an sich zweitrangige Frage stritten, wird nur verständlich, wenn man berücksichtigt, daß die SPD

---

[46] Ein Zeugnis hierfür sind die Ausführungen des Abg. *Kurt Georg Kiesinger* in der 54. Sitz. d. Rechtsaussch. am 12. 7. 50, Steno-Prot.; vgl. *Geiger* a.a.O. Einleitung IV 5. und 6.; *Laufer* a.a.O. S. 122.

[47] Ob diese freilich zu Recht angenommen wurden, s. unten I. B. 3.

[48] Bezeichnenderweise wurde bei den Beratungen nie auf die Ermächtigung des Art. 94 II GG zurückgegriffen.

[49] BTags-Prot. der 116. Sitzung am 1. 2. 51, 4419 B.

[50] Tatsächlich wurde dieses Problem aber schon bald durch das Rechtsgutachten *Thomas* vom 15. 3. 53 indirekt an das BVG herangetragen. Gegen *Thoma*, der § 6 BVGG für von Hause aus verfassungswidrig hielt, diesen Zustand allerdings bereits eineinhalb Jahre nach Entstehen des BVG durch die normative Kraft des Faktischen für geheilt ansah, verteidigte sich das BVG in seinen Bemerkungen mit dem Argument, das GG habe „den Wahlmodus nicht geregelt und es damit notwendigerweise dem Gesetzgeber überlassen, unmittelbare oder mittelbare Wahl vorzuschreiben". Mit seinem *notwendigerweise* ging das BVG sogar über *Geiger* (a.a.O. § 6 Anm. 2) hinaus, auf den es sich ausdrücklich berief; vgl. *Thoma*, a.a.O. S. 188, und Status des BVG, a.a.O. S. 202 Anm. 26.

selbst das indirekte Wahlverfahren seinerzeit durchgesetzt hatte. Während sie nun daran festhalten wollte, das Wahlmännergremium nehme nur einen Wahlakt vor, für den das ganze Parlament verantwortlich zeichne, zerstörte die CDU/CSU diese *Illusion*, indem sie sich anschickte, das Verfahren nach § 6 BVGG zu perfektionieren und auf eine Ebene mit der Wahl der Bundesrichter *herabzudrücken*. Der Versuch der SPD, die Entwicklung, die man der Richterwahl selbst gegeben hatte, aufzuhalten, mußte notwendig scheitern, weil die CDU/CSU den *Schnitt* zwischen Plenum und Ausschuß innerlich bereits akzeptiert hatte.

2. Handhabung des Wahlverfahrens

Nachdem die Entstehungsgeschichte gezeigt hat, daß die Regelung des § 6 BVGG neben der bereits als verfassungswidrig erwiesenen indirekten Wahl noch andere Tücken birgt, sollen nun die Einzelheiten des Wahlverfahrens zur Sprache kommen, um deren rechtliche Problematik in voller Breite darstellen zu können.

a) Sonderstellung des Wahlmännerausschusses

Der Wahlmännerausschuß wird im 7. Abschnitt der GeschOBT über Ausschüsse unter § 66 ausdrücklich aufgeführt, wodurch möglicherweise zum Ausdruck gebracht werden soll, daß er den Ausschüssen des Bundestages zuzurechnen ist[51].

α) Doch schon die Kreation des Wahlorgans nach § 6 II BVGG läßt erkennen, daß es gegenüber den gewöhnlichen Ausschüssen eine Sonderstellung einnimmt. Während die Mitgliederzahl der Ausschüsse sonst gem. § 6 I GeschOBT vom Bundestag mit dem Ziel festgesetzt wird, alle Fraktionen gem. § 12 GeschOBT nach ihrem Stellenanteil zu berücksichtigen, ist die Zahl der Wahlmänner von vornherein auf 12 begrenzt. Diese werden nun im Gegensatz zu § 68 II GeschOBT nicht von den Fraktionen benannt, sondern müssen nach den Regeln der Verhältniswahl gewählt werden. Die Wahl wird ausschließlich auf Grund von Vorschlägen der Fraktionen vorgenommen, wobei nach dem Höchstzahlverfahren (d'Hondt) errechnet wird, wieviele Mitglieder jedes Vorschlages gewählt sind. Dabei entscheidet die Reihenfolge, in der die Namen auf dem Vorschlag stehen, sowohl darüber, wer als gewählt gilt, als auch darüber, wer im Falle des späteren Ausscheidens eines anderen Mitgliedes an dessen Stelle nachrückt[52].

---

[51] Im selben Abschnitt wird unter § 65 aber auch der Richterwahlausschuß aufgezählt, der unzweifelhaft kein Ausschuß des Bundestages ist.
[52] Zum Wahlverfahren vgl. *Geiger* a.a.O. § 6 Anm. 3; *Ritzel/Koch* a.a.O. § 65 Anm. 3 und § 66 Anm. 3; *Trossmann* a.a.O. S. 284 f.; *Lechner*, Kommentar, § 6 Anm. zu Abs. 2; *Friedrich Schäfer*, Der Bundestag, 1967, S. 44 f.

Teilt man nun die Zahl der 496 Abgeordneten durch 12, so ergibt sich, das jeder Wahlmann 41,33 Abgeordnete oder 8,33 % der Bundestagsmitglieder bei der Wahl der BV-Richter repräsentiert[53]. Das bedeutet, nur Parteien, die bei der Bundestagswahl mehr als ca. 8 % der Wählerstimmen erhalten haben[54] und deshalb über mehr als 41 Abgeordnetenmandate verfügen, haben Aussicht, bei der Wahl der BV-Richter teilnehmen zu dürfen. Kleinere Fraktionen können zwar den Vorschlag anderer Gruppen unterstützen, selbst aber ohne Absprache mit anderen Fraktionen kein Mitglied des Ausschusses stellen[55]. Während nach Ansicht des BVG die äußerste Grenze für die Nichtberücksichtigung einer Partei bei der Mandatsverteilung bei 5 % liegt[56], wird hier die Teilnahme an der Richterwahl darüber hinaus also von einer 8 %-Klausel abhängig gemacht[57].

Dieses Vorgehen beeinträchtigt aber die *Chancengleichheit* der Parteien und ihrer Fraktionen im Bundestag[58]. Nach Ansicht des BVG folgt aus den Artikeln 21 und 38 GG, daß die Parteien bei der Zulassung zur Wahl gleiche Wettbewerbschancen haben müssen[59]. Räumt man jedoch den Fraktionen bei der Mitwirkung an den Aufgaben des Parlaments nicht die gleichen Rechte ein, so bringt man die Parteien damit um die Früchte ihrer Wahlanstrengungen[60]. Wenn § 6 II also bewirkt, daß nur *größere* Fraktionen die Möglichkeit haben, an der Wahl der BV-Richter

---

[53] Die Berliner Abgeordneten i. S. d. § 54 BWahlG, die gleichfalls an der Wahl der Wahlmänner teilnehmen, bleiben hier unberücksichtigt, da sie am Prinzip nichts ändern; vgl. *Trossmann* a.a.O. S. 56 und *Laufer* a.a.O. S. 223.

[54] Die ungefähre Verschiebung von 8 % zu 8,33 % folgt aus der 5 %-Klausel des § 6 IV BWahlG.

[55] Nach bisheriger Praxis waren die Fraktionen immer im Verhältnis ihrer Stärke im Ausschuß vertreten; vgl. *Trossmann* a.a.O. S. 285. Daß man gleichwohl den Ausschuß „wählt" und nicht einfach durch die Fraktionen besetzen läßt, soll wohl symbolisch die Wahl der Richter durch den Bundestag ersetzen.

[56] BVerfGE 1, 256; *Seifert* a.a.O. S. 35 und 71 f.; näheres s. bei *Maunz/Dürig* Art. 38 Rdn. 50 und *v. Mangoldt/Klein* S. 882 f. Grundsätzlich gegen Sperrklauseln aus verfassungsrechtlichen Gründen *Hamann* a.a.O. Art. 38 Anm. B 5c; *Badura* in BK, Anhang zu Art. 38 Rdn. 11.

[57] Soll eine Sperrklausel dem Zweck dienen, Splittergruppen auszuschalten, so muß gerade daraus folgen, daß Parteien, die diese Hürde überwunden haben, im Parlament vollberechtigt mitarbeiten dürfen.

[58] Dies tat früher auch § 10 GeschOBT. Er war aus dem Grunde zulässig, aus dem sich § 6 IV BWahlG heute rechtfertigt. Inzwischen ist § 10 GeschOBT nur noch eine rechnerische Größe; vgl. z. B. die §§ 81 II 2, 86, 88 Satz 3 GeschOBT.

[59] BVerfGE 3, 19 Leitsatz 3; vgl. auch *Maunz/Dürig* Art. 38 Rdn. 23; *Hamann* Art. 38 B 5b. Dagegen wird heute der Grundsatz der Chancengleichheit überwiegend allein aus Art. 21 I 1 GG hergeleitet. So *Wilhelm Henke* in BK Art. 21 (2. Bearb.) Rdn. 30 und *Wolfgang Hegels*, Die Chancengleichheit der Parteien im deutschen und ausländischen Recht, Diss. 1967, S. 12 mit weiteren Nachweisen.

[60] Ein wesentliches Mittel zur Willensbildung des Volkes i. S. d. Art. 21 GG dürfte gerade bei kleinen Parteien die öffenltiche Tätigkeit der Fraktionen im Plenum sein; vgl. auch *Maunz/Dürig* Art. 21 Rdn. 36 und 37.

Abschnitt B: Erörterung des § 6 BVGG

mitzuwirken[61], obwohl dies eine Aufgabe *des Bundestages* ist, so verstößt er gegen den Grundsatz der Chancengleichheit i. S. d. Art. 21 und 38 GG[62].

β) Führt schon die Kreation des Ausschusses zu einer möglichen Benachteiligung kleiner Fraktionen und zu einer Verzerrung der Mehrheiten, so zeigt die Tätigkeit des Wahlgremiums vollends, daß dieses im Vergleich mit anderen Bundestagsausschüssen gegenüber dem Parlament eine Sonderstellung einnimmt.

Die gewöhnliche Tätigkeit eines Ausschusses ist darauf beschränkt, die ihm überwiesenen Gegenstände zu beraten und sodann dem Plenum bestimmte Beschlüsse zu empfehlen[63]. Diese Hilfsfunktion gem. § 60 II und III GeschOBT haben auch die Unterorgane des Bundestages, denen besondere Funktionen oder Rechte eingeräumt sind[64]. Eine Ausnahme macht der Ausschuß für Geschäftsordnung und Immunität (§ 114 GeschO BT) insoweit, als er wegen Art. 46 GG nur vorbereitende Funktionen haben dürfte, in der Praxis aber in Bagatellsachen und Verkehrsdelikten eine Vorentscheidung mit Zweidrittelmehrheit treffen kann, die als Entscheidung des Plenums gilt, wenn ihr nicht binnen drei Tagen widersprochen wird[65]. Dieses Verfahren ist deshalb zulässig, weil der Bundestag die Entscheidung jederzeit an sich ziehen kann, die vorbereitende Tätigkeit des Ausschusses gem. § 60 II GeschOBT also nur aus Zweckmäßigkeitserwägungen *gewöhnlich* die Erledigung von Bagatellsachen mitumfaßt.

Gegenüber diesen Ausschüssen des Bundestages nimmt nun der Wahlmännerausschuß in jeder Beziehung eine Sonderstellung ein. Er bekommt Aufgabengebiete oder Sachfragen nicht von Fall zu Fall vom Plenum gem. den §§ 79, 60 II GeschOBT überwiesen, sondern hat nach § 6 BVGG den ständigen Auftrag, alle erforderlichen Richterwahlen vorzunehmen. Daraus folgt zugleich, daß ihm weder Weisungen, noch Empfehlungen seitens der Fraktionen oder des Plenums erteilt werden dürfen[66]. Es handelt sich bei den Mitgliedern des Ausschusses also um Wahl-

---

[61] Beispielsweise konnte die Fraktion des GB/BHE mit 27 Abgeordneten in der Legislaturperiode 1953—57 keinen Wahlmann stellen. In der 3. Legislaturperiode war die FDP mit 41 Abgeordneten nicht deshalb im Wahlmännerausschuß vertreten, weil sie sich mit der SPD auf einen Vorschlag geeinigt hatte. Gegenwärtig hat die FDP 49 Abgeordnete und ein Mitglied im Ausschuß. Näheres s. *Laufer* a.a.O. S. 220 f.
[62] Die Heranziehung von Art. 38 scheint hier gerechtfertigt, da mit den betreffenden Fraktionen zugleich auch deren Abgeordnete benachteiligt werden.
[63] BVerfGE 1, 154; *Ritzel/Koch* a.a.O. § 60 Anm. 4; *Lechner/Hülshoff* a.a.O. § 60 Anm. 4—8; *Schäfer* a.a.O. S. 112 ff.
[64] So z. B. die Ausschüsse nach den Artikeln 44, 45, 45a GG.
[65] Näheres siehe bei *Ritzel/Koch* a.a.O. § 114 Anm. 2 i, k; *Maunz/Dürig* Art. 46 Rdn. 61.
[66] Vgl. *Trossmann* a.a.O. S. 284, 287.

männer, die *nicht* an einen Auftrag der sie Legitimierenden gebunden werden können[67]. Dies erhält sinnfälligen Ausdruck dadurch, daß die Wahlmänner, zu Beginn der Legislaturperiode einmal gem. § 6 II BVGG gewählt, weder vom Plenum, noch von den Fraktionen aus dem Gremium wieder abberufen werden können[68]. Daraus folgt zugleich, daß auch der gesamte Ausschuß nicht im Wege einer Neuwahl während der Legislaturperiode durch einen anderen ersetzt werden kann. Selbst wenn ein Mitglied infolge Todes oder Verzichts ausscheidet, haben die Fraktionen keinen Einfluß auf die Neubesetzung, da in diesem Falle gem. § 6 II Satz 5 BVGG der nächste aus der Reihe der nicht mehr Gewählten eines Vorschlages automatisch nachrückt[68].

Das Parlament hat sich aber nicht nur des Rechtes der Einflußnahme gleich welcher Art auf den Ausschuß begeben, es hat durch die Einführung von § 6 BVGG auch auf das Recht verzichtet, wenigstens in extrem gelagerten Fällen Beschlüsse des Gremiums dadurch aufzuheben, daß es die Wahlentscheidung selbst vornimmt. Auch hat es sich nicht das Recht gesichert, von dem Ausschuß wenigstens Bericht und Rechenschaft verlangen zu können, vielmehr diese *minimale* Möglichkeit parlamentarischer Kontrolle durch die Einführung der Verschwiegenheitspflicht gem. § 6 IV BVGG selbst unmöglich gemacht[69]. Das Parlament erfährt also über die von *ihm* auf indirektem Wege vorgenommene Richterwahl nicht mehr, als der Pressereferent des Justizministeriums der Öffentlichkeit bekannt gibt[70].

b) Gleichstellung von Plenum und Ausschuß; Folgen

Die Sonderstellung des Wahlmännerausschusses hat zur Folge, daß er nur noch insoweit ein Hilfsorgan des Bundestages genannt werden kann, als er diesem die Last der Richterwahl abnimmt. Das Bild der Hand des Parlaments, die lediglich einen Wahlakt vornimmt, für den das Plenum aber politisch verantwortlich zeichnet, mag den Parteien die Einführung des § 6 BVGG erleichtert haben[71], es ist mit der Wirklichkeit jedoch nicht

---

[67] So betonte *Arndt* in der 123. Sitz. d. Rechtsaussch. am 23. 3. 56 das völlig selbständige Handeln der Wahlmänner im Ausschuß, Steno-Prot. Ob diese Praxis inzwischen eine andere geworden ist, muß dahingestellt bleiben.

[68] Vgl. *Trossmann* a.a.O. S. 285; *Geiger* a.a.O. § 6 Anm. 3.

[69] Umgekehrt hat auch der Ausschuß nicht das Recht, vom Plenum die Anhörung eines Berichtes über die Wahl zu verlangen.

[70] *Laufer*, a.a.O. S. 221 Anm. 55, bezeichnet die Information der Öffentlichkeit über die Richterwahlen mit Recht als äußerst dürftig. Demnach wird das Ergebnis nie im Bundesanzeiger veröffentlicht, sondern erscheint irgendwann als *Notiz* im Bulletin der Bundesregierung. Aber auch der Bundestag erfährt, wenn überhaupt, nur die Namen der gewählten Richter zu Beginn irgendeiner Plenarsitzung aus dem Munde des Präsidenten. Näheres s. *Laufer* S. 221 ff.

[71] So *Wittrock* in der Plenarsitzung am 20. 6. 56, BTags-Prot. der 150. Sitzung, 7943 B — 7943 C. Typisch vor allem *Platner*, der in der gleichen Plenarsitzung

Abschnitt B: Erörterung des § 6 BVGG

in Einklang zu bringen[72]. In Wahrheit ist der Ausschuß als Wahlkörper mit *allen* Rechten und Pflichten an die Stelle des Bundestages getreten[73]. Diese Gleichsetzung von Plenum und Ausschuß löst notwendig drei weitere verfassungsrechtliche Überlegungen aus, die im folgenden dargestellt werden sollen.

α) Die erste Frage muß gerade heraus lauten, ob es dem Bundestag gestattet ist, die ihm von der Verfassung gestellte Aufgabe der Richterwahl einem anderen Organ zu unabhängiger und selbständiger Erfüllung zu übertragen. Die Antwort kann, wie oben bereits gezeigt wurde, nur negativ lauten, daß ein solches sich der Pflicht entziehen den Artikeln 42 II und 94 I GG entgegensteht und mithin verfassungswidrig ist[74]. Daß das GG das Recht der Gesetzgebung und das der Wahl in den vorgesehenen Fällen für *unverzichtbare* Befugnisse des Bundestages hält, geht auch aus Art. 45 II GG hervor, der dem ständigen Ausschuß derartige Rechte ausdrücklich vorenthält[75].

β) Das zweite verfassungsrechtliche Problem erwächst aus Art. 42 I GG, der den Grundsatz der Öffentlichkeit für die Sitzungen des Plenums enthält[76]. Die Gleichsetzung von Bundestag und Ausschuß hat zur Folge, daß die Richterwahl eigentlich von den Wahlmännern vor den Augen der Öffentlichkeit vorgenommen werden müßte[77]. In der Praxis freilich haben nicht einmal die Abgeordneten Zutritt zu den Sitzungen des Wahlgremiums[78]. Wenn der Bundestag die Richterwahl aus dem Plenum in einen Ausschuß verlegt und damit zugleich der Öffentlichkeit entzieht, so ist dies mit Art. 42 I GG nur dann vereinbar, wenn die Wahl zumindest

---

einerseits den Charakter des Hilfsorgans bejahte, andererseits aber hervorstrich, daß diesem Wahlmännerausschuß der Wahlakt als eine selbständig vorzunehmende Handlung delegiert worden sei, BTags-Prot. 7945 B. In dem Sinne auch *Arndt* in der 123. Sitzung des Rechtsausschusses am 23. 3. 56, Steno-Prot.

[72] Es kann deshalb nicht verwundern, daß der Ausschuß in Literaturbeiträgen über § 6 BVGG hinsichtlich seiner Rechtsstellung nie näher charakterisiert wird.

[73] Ähnlich meint *Trossmann*, a.a.O. S. 284, der Ausschuß sei kein vorbereitendes Beschlußorgan, sondern handle kraft Gesetzes als unabhängiges Gremium an Stelle des Bundestages; vgl. auch *Schäfer* a.a.O. S. 45.

[74] Vgl. oben I. A. 3. Mit Recht meint *Geiger*, a.a.O. § 6 Anm. 2, Pflichten eines Verfassungsorgans seien nur übertragbar, wenn dies ausdrücklich zugelassen werde.

[75] Daher ist es dem Bundestag nicht einmal gestattet, durch diesen oder einen anderen Ausschuß zwischen zwei Legislaturperioden eine Richterwahl vornehmen zu lassen, selbst wenn damit eine Beschlußunfähigkeit des BVG abgewendet werden soll.

[76] Die Überlegungen zu Art. 42 I GG wurden weitgehend durch die Ausführungen *Wittrocks* in der Plenarsitzung am 20. 6. 56 ausgelöst, wenn letztere auch zu unklar sind, um sagen zu können, was *Wittrock eigentlich* meinte; s. hierzu BTags-Prot. 7943 C, und oben I. B. 1. b) am Ende.

[77] Ob damit Art. 42 I 1 GG wirklich schon erfüllt wäre, soll dahingestellt bleiben.

[78] s. *Trossmann* a.a.O. S. 287.

in öffentlicher Sitzung des Plenums eine formelle Bestätigung erfährt und in dieser Sitzung das Wort ergriffen werden kann[79].

Soll eine solche Bestätigung nicht stattfinden, so kann Art. 42 I nur dadurch Genüge getan werden, daß vor jeder anstehenden Richterwahl des Ausschusses das Plenum gem. Art. 42 I 2 formell die Öffentlichkeit mit Zweidrittelmehrheit *ausschließt*. Da der Grundsatz der Öffentlichkeit ein zwingender Satz des Verfassungsrechts ist[80], kann eine Abweichung mit Zweidrittelmehrheit gem. Satz 2 ferner immer nur für die Dauer der jeweiligen Sitzung gelten[81]. Soll dagegen für einen bestimmten Beratungsgegenstand die Öffentlichkeit grundsätzlich und auf Dauer ausgeschlossen werden, so bedarf es einer formellen Ergänzung des Art. 42 GG im Wege einer Verfassungsänderung gem. Art. 79 I GG.

Die Ironie des § 6 BVGG ist es nun, daß er zwar für die Wahlmänner die Verschwiegenheitspflicht anordnet, nicht aber ausdrücklich die Öffentlichkeit von den Beratungen ausschließt[82]. Auch auf § 73 I GeschOBT, der für Beratungen der Bundestagsausschüsse die Nichtöffentlichkeit festsetzt, kann nicht zurückgegriffen werden[83], weil das Wahlmännergremium kein Ausschuß i. S. der GeschOBT ist[84]. Allenfalls kann aus § 6 Abs. IV BVGG der Schluß gezogen werden, daß das Verbot der Weitergabe von Informationen aus den Beratungen des Ausschusses an die Öffentlichkeit den Ausschluß derselben von den Sitzungen *voraussetzt* und daher mitumfaßt[85]. Folgt man dieser teleologischen Betrachtungs-

---

[79] Daß eine Aussprache grundsätzlich möglich sein muß, folgt aus Art. 63 I GG, der diese für die Wahl des Bundeskanzlers *ausnahmsweise* ausschließt; vgl. auch § 27 GeschOBT und Art. 54 I GG.

[80] So *Maunz/Dürig* Art. 42 Rdn. 1; vgl. auch *v. Mangoldt/Klein* S. 297; BVerfGE 1, 152; *R. Schneider* in BK Art. 42, Erl. II 1—3.

[81] Dieses hohe Quorum zeigt, wie *Schäfer* a.a.O. S. 211 ausdrücklich vermerkt, daß eine Verhandlung in nichtöffentlicher Sitzung als ganz außerordentliche und mit dem Wesen des Parlaments nur schwer zu vereinbarende Maßnahme betrachtet wird.

[82] Vgl. *Holtkotten* in BK Art. 94 (1. Bearb.) II A 1 f.

[83] Anders *Lechner*, Kommentar, § 6 Anm. zu Abs. III; *Trossmann* a.a.O. S. 287; *Schäfer* a.a.O. S. 45. Obwohl Art. 95 III GG, anders als Art. 94 I 2 in Verb. mit Art. 42 I 1 GG, diese Frage offen läßt, hielt es der Gesetzgeber für erforderlich, in § 9 II RiWG ausdrücklich Nichtöffentlichkeit der Sitzungen des Richterwahlausschusses anzuordnen. Wie dagegen beim Wahlmännerausschuß für die Abweichung von Art. 42 I 1 GG eine entsprechende Anwendung von § 73 I GeschOBT *ausreichend* sein kann, wird in der Literatur nicht begründet.

[84] So ausdrücklich *Trossmann*, a.a.O. S. 287, der ableitet, daß das Zutrittsrecht der Mitglieder des Bundesrates und der Bundesregierung nach Art. 43 III GG deshalb hier nicht gelte. Unklar drückt sich *Schäfer* a.a.O. S. 45 und 105 aus, der das Wahlmännergremium zwar nicht für einen Ausschuß im üblichen Sinne hält, bei der Aufzählung der Gremien aber, die eigene Aufgaben unmittelbar aus Gesetzen herleiten und deshalb keine Ausschüsse i. S. d. GeschOBT sind, das Wahlmännergremium übergeht.

[85] Vgl. *Wittrock* in der 150. Sitzung am 20. 6. 56, 7942 C — 7944 D.

Abschnitt B: Erörterung des § 6 BVGG   37

weise, so verstößt § 6 IV BVGG gegen Art. 42 I 1 GG und ist mithin auch aus diesem Grunde verfassungswidrig[86].

γ) Ein drittes verfassungsrechtliches Bedenken wird dadurch ausgelöst, daß nicht nur die Öffentlichkeit, sondern auch die Abgeordneten selbst von den Beratungen des Ausschusses ausgeschlossen werden[87]. Da die Wahlmänner ihrerseits wegen § 6 IV BVGG ihren Kollegen keine Mitteilung machen dürfen, die Protokolle des Ausschusses aber, soweit sie überhaupt geführt werden, gem. § 21 a GeschOBT in Verbindung mit § 2 der Geheimschutzordnung des Deutschen Bundestages vertraulich sind und deshalb von den Abgeordneten nicht gem. § 21 I GeschOBT eingesehen werden können[88], ist es Nicht-Mitgliedern des Ausschusses unmöglich, sich ein Bild von der Richterwahl zu machen.

Nun ist aber zu fragen, ob diese Praxis mit Art. 38 I 2 GG zu vereinbaren ist. Der Status des Abgeordneten, wie ihn die Artikel 38 I und 48 II 1 GG gleichermaßen voraussetzen[89], bedingt, daß der Mandatsträger grundsätzlich an allen Aufgaben des Parlaments mitwirken darf[90]. Zwar ist es zulässig, das Recht, im Plenum das Wort zu ergreifen, gewissen Beschränkungen zu unterwerfen[91] oder für bestimmte Beratungsgegenstände eines Ausschusses Vertraulichkeit zu beschließen[92], weil dadurch die grundsätzliche Möglichkeit der Mitarbeit des Abgeordneten noch nicht beeinträchtigt wird. Führt die Handhabung einer Aufgabe des Bundestages aber dazu, daß der Abgeordnete weder im Plenum, noch im

---

[86] Folgert man dagegen den stillschweigenden Grundsatz der Nichtöffentlichkeit aus dem Wesen des Wahlmännerausschusses selbst, so ist der gesamte § 6 BVGG verfassungswidrig.

[87] Auch hier ist nicht ersichtlich, auf welche Bestimmung sich diese Praxis stützen kann. Grundsätzlich darf jeder Abgeordnete an allen nichtöffentlichen Ausschußsitzungen gem. § 73 IV 1 GeschOBT als *Zuhörer* teilnehmen. Ausnahmen bedürfen eines Bundestagsbeschlusses gem. § 73 IV 2 GeschOBT; vgl. auch Abs. VII derselben Bestimmung. Nach *Trossmann*, a.a.O. S. 287, und *Geiger*, a.a.O. § 6 Anm. 3, handelt es sich um einen der Natur der Sache nach geschlossenen Ausschuß. Damit ist entweder § 6 IV BVGG gemeint, oder es wird zu Unrecht auf § 73 IV GeschOBT Bezug genommen, da dieser hier unanwendbar ist.

[88] Nach § 2 IV Geheimschutzordnung gelten die Bestimmungen über vertrauliche Ausschußdokumente für andere Gremien des Bundestages entsprechend.

[89] Art. 38 I 2 legt nur Teile des Abgeordnetenstatus fest, setzt aber wie Art. 48 II 1 GG, der den Abgeordneten gegen Behinderungen seitens Dritter schützen soll, voraus, daß die Mandatsausübung selbst im Bundestag gewährleistet ist. Vgl. näher *v. Mangoldt/Klein* S. 887, 989; *Maunz/Dürig* Art. 48 Rdn. 7; *Badura* in BK Art. 38 Rdn. 54 ff., 76.

[90] So ausdrücklich *Geiger* a.a.O. § 6 Anm. 2; § 16 I GeschOBT „verpflichtet" sogar zur Beteiligung an der Parlamentsarbeit; s. auch *Schäfer* a.a.O. S. 153.

[91] BVerfGE 10, 11; *v. Mangoldt/Klein* a.a.O. S. 887; *Hamann* a.a.O. Art. 38 Anm. 8a; *Theodor Maunz*, Deutsches Staatsrecht, 16. Aufl. 1967, § 35 III 1.

[92] s. § 73 IV 2, VI und VII GeschOBT; *Maunz/Dürig* Art. 42 Rdn. 2; *v. Mangoldt/Klein* S. 928.

Ausschuß an den Beratungen mitwirken kann, so ist sein Mandat in unerträglicher Weise eingeengt[93].

Weil § 6 IV BVGG dem Abgeordneten *jede* Form der Unterrichtung über die Wahl der BV-Richter unmöglich macht, verstößt er deshalb gegen Art. 38 I 2 GG und ist auch aus diesem Grunde verfassungswidrig[94].

Die rechtliche Problematik des Wahlverfahrens nach § 6 BVGG liegt also nicht allein in dessen Verstoß gegen Art. 94 I 2 in Verbindung mit Art. 42 II GG. Der Ausschuß wird darüber hinaus unter Verletzung der Chancengleichheit der Parteien zusammengesetzt und die Form seiner Tätigkeit hat ihn rechtlich, politisch und moralisch vom Gesamtparlament gelöst. Die Einführung der Verschwiegenheitspflicht hat schließlich zum Ausdruck gebracht, daß der Ausschuß weder für die Öffentlichkeit noch für andere Abgeordnete zugänglich sein soll, was sowohl gegen Art. 42 I als auch gegen Art. 38 I GG verstößt[95].

3. Zweckmäßigkeit des Wahlverfahrens

Der Grund für die Einführung des indirekten Wahlverfahrens war die allseitige Überzeugung, daß dieses die Vorzüge der Praktikabilität und Zweckmäßigkeit für sich habe[96]. Dabei setzte man sich im Interesse der Sache über gewisse rechtliche Bedenken hinweg, die, wie die Untersuchung gezeigt hat, nur allzu berechtigt waren. Zum vollständigen Verständnis der Konzeption des § 6 BVGG und zur Ehrenrettung der Juristen unter den Politikern, die dieses Verfahren guthießen, soll deshalb nun den Zweckmäßigkeitserwägungen im einzelnen nachgegangen werden.

a) Praktikabilität und Zweckmäßigkeit

Es leuchtet ein, daß eine politische Wahl wie die der BV-Richter in einem Gremium von zwölf Parlamentariern leichter, schneller und sicherer vollzogen werden kann, als in einem Plenum von 300 oder gar 500 Ab-

---

[93] Voraussetzung ist allerdings, daß Abs. IV das Verbot des Mitberatens stillschweigend mitumfaßt. Andernfalls verstößt der gesamte § 6 BVGG gegen Art. 38 I 2 GG.

[94] *Badura* in BK Art. 38 Rdn. 55: „Die Freiheit des Mandats schützt den gesamten Bereich der parlamentarischen Tätigkeit des Abgeordneten."

[95] Man wird deshalb *Laufer*, a.a.O. S. 196, nur zum Teil folgen können, wenn er gegen *Wittrock* meint, die Verschwiegenheitspflicht sei eine Frage des demokratischen Stils, die jedoch nicht verfassungsrechtliche Bedenken hervorrufe. Richtig ist vor allem *Wittrocks* Argument, daß das Parlament hiermit endgültig das Recht einbüßte, vom Ausschuß Rechenschaft zu verlangen, BTags-Prot. 7943 B—C. Allerdings wurde die Verselbständigung des Gremiums dadurch nicht erst begründet, sondern nur noch zementiert.

[96] Näheres s. oben I. B. 1. a).

Abschnitt B: Erörterung des § 6 BVGG   39

geordneten. Dies gilt um so mehr dann, wenn für die erfolgreiche Wahl eine qualifizierte Mehrheit erforderlich ist, wie etwa § 6 V BVGG sie verlangt. Ob diese Mehrheit, die die Parlamentarier für unerläßlich hielten[97], im Plenum überhaupt erreichbar wäre, kann sicher mit Recht in Zweifel gezogen werden[98]. Für das indirekte Verfahren spricht ferner, daß hier die Wahl einem Gremium von besonders *sachkundigen* Abgeordneten übertragen werden kann, was wiederum eine gewisse Garantie dafür bietet, daß die Richterpersönlichkeiten neben politischen auch nach qualitativen Gesichtspunkten beurteilt werden[99].

Die Wahlen, die im Wahlmännerausschuß seit 1951 vorgenommen wurden, gemahnen gleichwohl zur Vorsicht, all diese Vorzüge des indirekten Verfahrens nicht zu überschätzen. Einmal sind im Ausschuß Situationen möglich, in denen Wahlen nicht zustande kommen oder sehr lange verzögert werden[100], zum anderen bilden sich erfahrungsgemäß auch im Wahlmännerausschuß parteipolitische Fronten, die denen im Plenum entsprechen. Dies hat zur Folge, daß die notwendigen Kompromisse am Ende doch nicht von den zwölf unabhängigen, sachkundigen Wahlmännern nach ausführlicher Beratung geschlossen werden, sondern daß der Entscheidung des Ausschusses ein langes Gerangel der Fraktionen vorausgeht[101].

Handeln die Wahlmänner insofern unter einem gewissen Fraktionszwang, so ist zu fragen, ob nicht auch das Plenum des Bundestages einen von den Fraktionen ausgehandelten Kompromiß sanktionieren könnte[102]. In welch hohem Maße die Wahlen vorbereitet sind, bevor sie zur Entscheidung in das eigentliche Wahlgremium gelangen, belegt die Tatsache, daß nicht Kampfabstimmungen, sondern *einstimmige* Beschlüsse *ohne* vorherige Debatte das durchaus Übliche sind[103]. Die Zweckmäßigkeit

---

[97] Näheres s. unten II. A. 1. a).

[98] *Arndt* hielt es bei den Beratungen im Rechtsausschuß für ausgeschlossen, in einem Plenum wie dem Bundestag zu einer Zweidrittelmehrheit zu kommen, Steno-Prot. der 123. Sitz. d. Rechtsaussch. am 21. 3. 50; vgl. auch Steno-Prot. der 99. Sitz. am 16. 1. 1956.

[99] s. *Walter Roemer*, Das BVGG, JZ 1951, S. 194.

[100] So z. B. die Verzögerung einer Nachwahl von März 1952 bis März 1954; vgl. die Äußerungen *Arndts* in der 150. Sitz. des BT am 20. 6. 56, BTags-Prot. 7969 B—D. Hierzu näher *Laufer* a.a.O. S. 245 ff.

[101] Ein eindrucksvolles Beispiel hierfür ist die Wahl von *Walter Seuffert* zum Bundesverfassungsrichter und zum Vizepräsidenten; s. näher *Laufer* a.a.O. S. 240. Es versteht sich, daß derartige Vorgespräche unter den Fraktionen vorwiegend von den Wahlmännern geführt werden, daß diese also zugleich gewissermaßen die Beauftragten der Fraktionen sind.

[102] Wie § 3 StGG von Niedersachsen beweist, ist auch eine Wahl von Verfassungsrichtern mit Zweidrittelmehrheit durch das Plenum eines Parlamentes möglich, vgl. näher *H. R. Körtge*, Grundfragen der Verfassungsgerichtsbarkeit, DVBl. 1956, S. 111 f.

[103] Für den Bundesrat geht dies aus den Sitzungsberichten hervor. Demnach

des indirekten Wahlverfahrens beruht also vorwiegend auf der Erleichterung der Meinungsbildung und Verminderung des Aufwandes bei der Beschlußfassung. Dagegen bedarf der erklärte Vorteil dieses Wahlmodus — das leichtere, schnellere und sichere Gelingen einer Wahl von qualifizierten Persönlichkeiten — der Einschränkung, daß auch dieser Weg ein in jeder Hinsicht positives Ergebnis nicht garantiert.

b) Negative Auswirkungen des Verfahrens

Liegen die Vorzüge des indirekten Wahlverfahrens aber vornehmlich in dessen besonderer Praktikabilität, so kommt seinen negativen Auswirkungen um so mehr Bedeutung zu. Denn weder der Wille des Verfassungsgebers[104], noch die Stellung und Bedeutung des BVG gestatten es, das Kriterium für ein adäquates Wahlverfahren vor allem in dessen bequemer Praktizierung zu suchen.

Die Nachteile des Wahlverfahrens nach § 6 BVGG liegen einmal in dem *Desinteresse* von Parlament und Öffentlichkeit an den Vorgängen bei der Richterwahl, zum anderen in dem parteipolitischen Aufschlüsseln der Richterstellen, das durch die diskrete und verborgene Tätigkeit des Wahlmännerausschusses wesentlich erleichtert wird. Ist das Desinteresse des Parlaments von diesem im wesentlichen selbst verschuldet, so ist das der Öffentlichkeit ein durchaus *unfreiwilliges*, das durch den spärlichen Fluß an Informationen über bevorstehende oder vollzogene Richterwahlen künstlich, wenn wohl auch unbewußt, aufrecht erhalten wird[105]. Dem Präsidium des Bundestages mag es eben unbegreiflich erscheinen, warum die Öffentlichkeit ein größeres Interesse an der Richterwahl nehmen sollte als das Parlament selbst[106].

Umgekehrt ist nur schwer verständlich, warum die Legislative der Besetzung eines Verfassungsorgans, von dessen Rechtsprechung sie zuweilen in hohem Maße selbst betroffen ist, so wenig Aufmerksamkeit schenkt. Mag sich letztere auch durch eine Verlegung der Wahl ins Plenum nicht erzwin-

---

enthielten sich 1952 die bayerischen Vertreter bei der Wahl des Richters *Schunck* der Stimme; BRats-Sitzungsber. der 91. Sitz. am 12. 9. 52, 392 C—D. Die einzige Wahl mit Zweidrittelmehrheitsentscheidung ohne Einstimmigkeit erfolgte 1956, BRats-Sitzungsber. der 162. Sitz. am 20. 7. 56, 282 B—C. Für den Bundestag gibt es kein gesichertes Material; vgl. aber die Äußerungen *Arndts* in der 109. Sitz. des BT am 27. 10. 55, BTags-Prot. 5948 B, und in der 121. Sitz. d. Rechtsaussch. vom 21. 3. 56, Prot.; vgl. auch *Laufer* a.a.O. S. 244.

[104] Wenn der Verfassungsgeber die Regelungen der Art. 94 I 2 und 95 III GG nebeneinander traf, so hielt er es für notwendig, dem Parlament wegen der erhöhten Bedeutung des BVG einen größeren materiellen wie geistigen Aufwand abzuverlangen als bei der Wahl der Bundesrichter.

[105] s. oben I. B. 2. a); vgl. auch *Laufer* a.a.O. S. 221 ff.

[106] So gibt es z. B. über die Wahl *Walter Seufferts* zum Vizepräsidenten des BVG keine offizielle Verlautbarung des Bundestages; s. *Laufer* a.a.O. S. 243.

gen lassen, so könnte eine Plenardebatte gleichwohl gerade jüngeren Abgeordneten gestatten, durch Diskussionsbeiträge und Alternativvorschläge das Fraktionskartell aufzubrechen, zumindest aber zu durchleuchten. Auch muß man sich vergegenwärtigen, was es allein publizistisch bedeuten würde, wenn der Bundestag die Wahl der BV-Richter in öffentlicher Sitzung vornähme, wenn Alternativvorschläge diskutiert und vor den Augen der Öffentlichkeit zur Kampfabstimmung gestellt würden[107].

Es wäre deshalb auch nicht gut, etwa aus Rücksicht gegenüber den Kandidaten von einer Aussprache abzusehen. Denn wer sich um ein solches Amt bewirbt, darf bei der Erörterung seiner persönlichen Qualifikationen nicht empfindlich sein[108]. Weder den betreffenden Personen, noch dem BVG selbst kann öffentliche Diskussion schaden, da im Gegenteil hierdurch die Bedeutung der Verfassungsgerichtsbarkeit in der Öffentlichkeit erst ins volle Licht träte und die Berufung zum BV-Richter damit für hochqualifizierte Persönlichkeiten eine ganz neue Attraktivität erlangen könnte. Der Bundestag hätte in dem Bewußtsein zu entscheiden, daß die Öffentlichkeit die vorgeschlagenen Persönlichkeiten kennt und die Kriterien, die für die Wahl ausschlaggebend waren, *selbst* zu würdigen weiß[109].

Das würde zwar nicht verhindern, daß die Wahl bis zu einem gewissen Grade notwendig unter parteipolitischen Gesichtspunkten erfolgt[110], es könnte aber extremen Ausformungen des Proporzdenkens einen wirksamen Riegel vorschieben. Denn das Erfordernis der qualifizierten Mehrheit macht zwar die Wahl ausgeprägter Parteivertreter zu Verfassungsrichtern unwahrscheinlich, kann jedoch nicht verhindern, daß Kompromisse der einen Seite durch solche der anderen erkauft werden[111].

---

[107] Mit vollem Recht meint *Werner Kägi*, Bundesrichterwahlen in der Schweiz, 1952, S. 306: „Demokratische Wahl muß auch dort, wo sie nicht als Volkswahl erfolgt, doch in dem Sine eine öffentliche Angelegenheit sein und bleiben, daß die Kandidaten vor der Wahl frühzeitig öffentlich präsentiert werden, damit vor dem weiteren Forum der öffentlichen Meinung die Eignung diskutiert und die Liste der Anwärter eventuell durch weitere Namen ergänzt werden kann."
[108] So Abg. *Gille* in der 150. Sitz. d. BT am 20. 6. 56; BTags-Prot. 7945 D, und *Arndt* in der 123. Sitz. d. Rechtsaussch. am 23. 3. 56, Prot.
[109] I. d. S. vgl. *Geiger*, Zur Reform des BVGG, 1956, S. 231.
[110] Solche lassen sich nur ausmerzen, wenn man gleichzeitig auf eine demokratische Legitimation der Richter durch Wahl der parlamentarischen Gremien verzichtet. Abgesehen davon, daß ein derartiger Verzicht nur schwer mit Art. 20 II GG vereinbar wäre, würden dadurch die politische Qualifikation und Neutralität des Gerichts kaum gesteigert werden. So *Laufer* a.a.O. S. 208 ff., und *Klein* in *Maunz/Sigloch* u. a., § 5 Rdnr. 3; vgl. auch *H. Müller* a.a.O. S. 151 ff. mit weiteren Nachweisen.
[111] Vgl. *Hans Schneider*, Betrachtungen zum BVGG, NJW 1953, S. 803; *ders.*, Die Bedeutung der Geschäftsordnungen oberster Staatsorgane, 1952, S. 308 f.; *Klein* in *Maunz/Sigloch* u. a., § 5 Rdn. 4; *H. Müller*, a.a.O. S. 157, und *Laufer* a.a.O. S. 212 f.

Daraus folgt aber, daß ein Kandidat für die Gegenseite um so leichter akzeptabel ist, je weniger gefestigt und vor allem publik seine verfassungsrechtlichen Anschauungen sind. Dieses Rechenexempel und die Versuchung, die Richterberufung zur Altersversorgung verdienter Parteifreunde zu machen, muß dem ehrlichen Bemühen, politisch und juristisch qualifizierte Persönlichkeiten zu Verfassungsrichtern zu wählen, notwendig gewisse Grenzen setzen[112]. Eben diese aber könnten gelockert werden, wenn die Motive der Wahlentscheidung nicht nur vor dem eigenen Gewissen, sondern *auch* gegenüber der Kritik einer wohlinformierten Öffentlichkeit verantwortet werden müßten. Beratung und Abstimmung im Plenum könnten also Auswüchse des Proporzdenkens zurückdrängen und zugleich Qualität und Ansehen des BVG festigen.

Die Handhabung des Wahlverfahrens nach § 6 BVGG ist somit ungeachtet ihrer verfassungswidrigen Einzelheiten auch hinsichtlich der Zweckmäßigkeit erheblichen Bedenken ausgesetzt. Die Wahlen werden unter vollständigem Ausschluß von Parlament und Öffentlichkeit durch eine kleine Gruppe Eingeweihter vorgenommen, wodurch sie dem Kräftespiel der Fraktionen schonungslos ausgeliefert sind[113].

Abschnitt C

Folgerungen aus der Verfassungswidrigkeit des § 6 BVGG

Es gilt nun die Folgerungen aus dem negativen Ergebnis der bisherigen Untersuchungen zu ziehen. Dabei ist einmal zu überlegen, welche Maßnahmen vom Gesetzgeber ergriffen werden müssen, zum anderen ist zu erörtern, was zu geschehen hat, wenn der Gesetzgeber seiner Pflicht nicht nachkommt.

1. Möglichkeiten einer Neuordnung des Wahlverfahrens

Die Neuordnung des Wahlverfahrens muß mit dem Ziel erfolgen, die rechtlichen und politischen Unzulänglichkeiten des § 6 BVGG in gleicher Weise auszuräumen.

---

[112] s. *Laufer* a.a.O. S. 241 f.
[113] So benannte die SPD 1967 bekanntlich einen Kandidaten, den sie selbst vorher, als er noch Favorit der CDU/CSU war, abgelehnt hatte. Da die CDU/CSU nicht gut gegen ihren eigenen früheren Vorschlag stimmen konnte, gelang es der SPD, auf diesem Wege einen ihr nicht genehmen anderen Kandidaten der CDU/CSU auszubooten.

Abschnitt C: Folgen der Verfassungswidrigkeit des § 6 BVGG

Der einfachste Weg für die Beseitigung aller verfassungsrechtlichen Einwände[1] ist zweifellos die Ergänzung der Art. 94 I 2 und 42 II GG um eine Formulierung, die das indirekte Wahlverfahren sanktioniert, oder des Art. 94 II GG um die ausdrückliche Ermächtigung, das Wahlverfahren abweichend von den Art. 94 I 2 und 42 II GG zu regeln[2]. Ob eine solche Verfassungsänderung die gem. Art. 79 II GG erforderliche Mehrheit finden würde, sei dahingestellt; gewiß würde sie aber die mangelnde Publizität der Richterwahl nicht beseitigen, sondern verfestigen. Schon aus diesem Grunde ist eine Grundgesetzänderung nicht zu empfehlen.

Dagegen scheint die schlichte Befolgung der Verfassung durch Rückverlegung der Wahl in das Plenum schon eher begrüßenswert, weil dadurch nicht nur den verfassungsrechtlichen Bedenken, sondern auch den Zweckmäßigkeitserwägungen weitgehend entsprochen würde. Kritisch bliebe hier allein die Frage, mit welchem *Quorum* die Wahl im Plenum vollzogen werden soll. Hält man die Mitbestimmung der Opposition bei der Besetzung des BVG für unerläßlich, so wird man für die Wahl der Richter eine Stimmenmajorität von mindestens zwei Dritteln der Mitglieder des Bundestages fordern müssen. Wird nun eine solche Mehrheit zur Voraussetzung gemacht, infolge parteipolitischer Gegensätze im Plenum jedoch nicht erreicht, so ist über kurz oder lang die Beschlußfähigkeit des BVG in Frage gestellt. Soll die Beteiligung der Opposition dagegen durch die Anwendung des Verhältnisgrundsatzes bei der Richterwahl gewährleistet werden, so leiden darunter die Unabhängigkeit, Neutralität und Autorität des Gerichtes, das sich nun für jedermann sichtbar aus ‚schwarzen' und ‚roten' Richtern zusammensetzt[3]. Verzichtet man aber auf eine Mitbestimmung der Opposition überhaupt, so wird das Gericht gänzlich zu einem Instrument der Regierungsmehrheit.

Als Versuch, die rechtlichen und politischen Probleme der Richterwahl befriedigend zu lösen, soll deshalb ein Vorschlag gemacht werden, der die Vorzüge des bisherigen Wahlmännerausschusses mit denen einer Wahl im Plenum verbindet[4].

---

[1] Wenn die Wahl dem Plenum des Bundestages durch die Verfassung entzogen wird, ist damit auch die Beachtung der Art. 42 I 1 und 38 I GG entbehrlich.

[2] Dagegen würde eine Ergänzung nur des Art. 94 I 2 oder II GG nicht ausreichen, da in diesem Falle das Verbot des Art. 42 II fortbestünde.

[3] So auch *Geiger* a.a.O. § 6 Anm. 2. Einen ähnlichen Effekt würde das Prinzip der Doppelwahl haben, das der Regierungsentwurf von 1950 vorsah. So ausdrücklich *Arndt* in den Beratungen des Rechtsaussch. in der 99. Sitz. am 16. 1. 56, und in der 120. Sitz. am 19. 3. 56, Steno-Prot.

[4] In möglicherweise ähnlicher Absicht wurde schon 1950 bei den Beratungen im Rechtsausschuß einmal erwogen, die Wahl im Plenum bestätigen zu lassen, Prot. der 27. Sitz. am 28. 4. 1950.

I. Teil: Die Verfassungsmäßigkeit des Wahlverfahrens nach § 6 BVGG

Bei einem solchen Verfahren wird die Wahl zunächst durch einen Ausschuß von 10—20 Abgeordneten *vorbereitet*[5], der entweder nach dem d'Hondt'schen Verhältnissystem zu wählen oder nach dem Stellenwert der Fraktionen gem. § 10 GeschOBT zu besetzen ist[6]. Dieser Ausschuß berät, unter Leitung des ältesten Mitgliedes[7], zwar nicht öffentlich, doch haben alle Abgeordneten als Zuhörer zu den Sitzungen Zutritt und können Protokolle über die Beratungen einsehen. Sind besonders persönliche Dinge der einzelnen Kandidaten zu besprechen, so kann die Sitzung für vertraulich erklärt werden mit den entsprechenden Folgen, die sich aus § 73 GeschOBT ergeben[8]. Der Ausschuß arbeitet für die Wahl im Plenum unter Heranziehung der Vorschlagslisten i. S. d. § 8 BVGG eine Vorlage aus, in der für jede zu besetzende Richterstelle ein Kandidat empfohlen wird. Dem Plenum wird die Vorlage *dann* unterbreitet, wenn sie die Zustimmung von *zwei Dritteln* der gesetzlichen Mitglieder des *Ausschusses* gefunden hat[9].

Im Plenum erfolgt die Wahl in öffentlicher Sitzung gem. Art. 42 I 1 GG. Die Aussprache wird durch einen Bericht des Ausschußältesten eröffnet, der die Vorlage begründet[10]. In der anschließenden allgemeinen Aussprache soll die Öffentlichkeit nur dann gem. Art. 42 I 2 GG ausgeschlossen werden[11], wenn besondere persönliche Verhältnisse eines Kandidaten zur Sprache kommen. Die eigentliche Debatte muß sich neben den vom Ausschuß empfohlenen *auch* auf *andere* Kandidaten erstrecken, *wenn* eine Gruppe von Abgeordneten in Fraktionsstärke solche in einem *Antrag* ausdrücklich *benannt* hat[12].

---

[5] Je *größer* die Mitgliederzahl ist, desto besser kann der Ausschuß die politischen Schattierungen des Gesamtparlaments widerspiegeln; je *kleiner* sie ist, desto leichter fällt es, zu einer Einigung der heterogenen Interessen zu gelangen.

[6] Der praktische Unterschied zwischen Wahl und Besetzung des Ausschusses dürfte gering sein.

[7] Sollte ein Ausschußvorsitzender ernannt werden, so müßte dieser grundsätzlich der jeweiligen Opposition angehören, da sonst die Regierungsparteien ein ungesundes Übergewicht erhalten könnten.

[8] Das vorbereitende Gremium kann generell als Ausschuß i. S. d. GeschOBT behandelt werden.

[9] Dadurch ist der Minderheit ein unabdingbares Mitspracherecht eingeräumt.

[10] Natürlich kann der Ausschuß auch jeweils einen besonderen Berichterstatter ernennen.

[11] Ohne Begründung meint *Geiger*, a.a.O. § 6 Anm. 2, eine Wahl im Plenum sei nur ohne Aussprache denkbar. *Körtge*, a.a.O. S. 112, hält dasselbe im Interesse einer möglichst sachlichen Auswahl für geboten.

[12] Die Fraktionsstärke wird gem. § 10 GeschOBT durch Beschluß des Bundestages festgesetzt. De facto liegt sie zwar wegen der 5 %-Klausel des § 6 IV BWahlG bei mindestens 25 Abgeordneten, für die Bildung einer Fraktion sind aber laut Beschluß des BT vom 26. 10. 65 nur 15 Abgeordnete erforderlich; vgl. *Schäfer* a.a.O. S. 136.

Im Anschluß an die Aussprache hat unverzüglich die eigentliche Wahl zu erfolgen, wobei zuerst die Kandidaten zur Abstimmung gestellt werden, die aus der Mitte des Hauses benannt worden sind. Dabei kann in dem betreffenden Alternativantrag bestimmt werden, welchen der Kandidaten der Ausschußvorlage er ersetzen soll. Fehlt eine solche Bestimmung, so bezieht sich der Antrag automatisch auf den letzten der Kandidaten in der Reihenfolge, in der die Namen in der Vorlage des Ausschusses erscheinen. Ein Kandidat, der aus der Mitte des Hauses vorgeschlagen wurde, ist gewählt, wenn er *zwei Drittel* der Stimmen der Mitglieder des Bundestages auf sich vereinigen kann[13].

Nach Erledigung der Alternativanträge wird die Vorlage des Ausschusses zur Abstimmung gestellt, wobei alle Kandidaten, die vorher ersetzt wurden, als *gestrichen* gelten. Über diese Vorlage kann das Plenum nur im Ganzen abstimmen[14]. Findet der Vorschlag die Zustimmung der *absoluten* Mehrheit der Mitglieder des Bundestages, so sind die Kandidaten zu Richtern des BVG gewählt; andernfalls gilt die *gesamte* Vorlage als an den Ausschuß zurückverwiesen[15]. Dieser muß dann in angemessener Frist eine *neue* Vorlage erarbeiten, wobei ihm die Beratungen des Plenums Aufschluß darüber geben können, welche Kandidaten zweckmäßigerweise nicht wieder empfohlen werden.

Die Einführung eines solchen funktionsfähigen und zweckmäßigen Wahlverfahrens[16] bedarf grundsätzlich nur einer erschöpfenden Regelung in der Geschäftsordnung des Bundestages, wird jedoch wegen der besonderen Bedeutung der Richterwahl besser durch eine Neufassung des § 6 BVGG vorgenommen. Einer Verfassungsänderung oder -ergänzung bedarf es dagegen nicht, da alle wesentlichen Fragen des Wahlverfahrens ja im GG erschöpfend beantwortet sind und die vorgeschlagene Regelung diese Präjudizien nicht modifiziert[17].

2. Konsequenzen, falls der Gesetzgeber untätig bleibt

Einen der eben beschriebenen Wege wird der Gesetzgeber beschreiten müssen, wenn der Verfassung Genüge getan werden soll. Indes ist denk-

---

[13] Ein geringeres Quorum würde den Minderheitenschutz durchlöchern.
[14] Dies ist notwendig, da die Parlamentsmehrheit sonst nur *ihre* Kandidaten wählen und diejenigen der Opposition an den Ausschuß zurückverweisen könnte.
[15] Die Abstimmung sollte gem. den §§ 54, 55 oder 57 GeschOBT erfolgen. Dagegen wäre eine Abstimmung mit verdeckten Stimmzetteln entsprechend § 2 I GeschOBT wegen deren Anonymität nicht zu empfehlen.
[16] Ähnliches mag den Abg. *v. Merkatz* (DP) vorgeschwebt haben, als er in den Beratungen des Rechtsaussch. 1950 empfahl zu überlegen, ob man dem Sinn des SPD-Vorschlags in einer verfassungsrechtlich zulässigen Weise Rechnung tragen könne, Prot. der 21. Sitz. am 15. 3. 50.
[17] Auch bei Wahlen ist die Vorbereitung der Parlamentsarbeit durch einen Ausschuß nichts Ungewöhnliches; vgl. *Körtge* a.a.O. S. 111; *Laufer* a.a.O. S. 244.

I. Teil: Die Verfassungsmäßigkeit des Wahlverfahrens nach § 6 BVGG

bar, daß der Bundestag, aus welchen Gründen auch immer, sich nicht zu einer Neuregelung entschließt und statt dessen das gewohnte Verfahren weiter anwendet.

In diesem Falle könnte der Verfassung dadurch zur Durchsetzung verholfen werden, daß der Bundespräsident die Ernennung der Richter verweigert. Allerdings ist umstritten, ob dem Bundespräsidenten überhaupt ein Prüfungsrecht auf Grund von § 10 BVGG zusteht[18]. Zu Recht wird in der Literatur nahezu einhellig die Auffassung vertreten, daß ein materielles Prüfungsrecht deshalb, anders als bei Art. 60 GG, *nicht* bestehe, weil die Wahl der BV-Richter durch Art. 94 I 2 GG ausdrücklich allein der Legislative übertragen worden sei[19]. Damit ist aber noch nicht ausgeschlossen, daß § 10 BVGG dem Bundespräsidenten ein auf die *Rechtmäßigkeit* und die Einhaltung des Wahlverfahrens beschränktes formelles Prüfungsrecht gewährt[20]. Eine solche Befugnis, deren Notwendigkeit der vorliegende Fall anschaulich belegt, wird zugestehen müssen, wer den Bundespräsidenten nicht zum bewußten Sanktionieren von Unrecht zwingen will[21]. Die Verweigerung der Ernennung vermag natürlich bestenfalls einen gewissen Druck auf die Gesetzgebungsorgane auszuüben, kann aber an dem verfassungswidrigen Rechtszustand selbst nichts ändern.

Ist der Gesetzgeber auch dann nicht bereit, die erforderlichen Verfahrensänderungen durchzuführen, so bleibt nur das abstrakte Normenkontrollverfahren gem. Art. 93 I 2 GG, § 13 Ziff. 6 BVGG. Ob sich allerdings die Bundesregierung oder ein Drittel der Abgeordneten des Bundestages überhaupt bereit finden werden, den erforderlichen Antrag zu stellen, sei dahingestellt. Kommt es zu einem Verfahren, so wird das BVG gem. § 78 BVGG notwendig die Nichtigkeit des § 6 BVGG feststellen. Diese Entscheidung wird gem. § 31 II BVGG Gesetzeskraft haben; ihre Folgen werden sich aus § 79 II BVGG ergeben. Einfacher und politisch wie rechtlich wünschenswerter wäre es freilich, wenn der potentielle Antragsteller vorher versuchen würde, den von ihm für verfassungswidrig gehaltenen Zustand durch eine Gesetzesinitiative zu beseitigen.

---

[18] Zu dem Streit im einzelnen mit allen Nachweisen *Stern*, Art. 94 Rdn. 33—44.
[19] So ablehnend *Geiger* a.a.O. § 10 Anm. 2; *Lechner*, Kommentar, § 10 Anm.; *Stern* Art. 94 Rdn. 41; *Karl-Heinrich Hall*, Überlegungen zur Prüfungskompetenz des Bundespräsidenten, JZ 1965, S. 309; *Peter Busse*, Die Ernennung der Bundesrichter durch den Bundespräsidenten, DÖV 1965, S. 473; *Eberhard Menzel*, Ermessensfreiheit des Bundespräsidenten bei der Ernennung der Bundesminister?, DÖV 1965, S. 586. Dagegen scheinen sich *Arndt*, a.a.O. S. 298, und *Klein* in *Maunz/Sigloch* u. a., § 10 Rdn. 4, für ein begrenztes *materielles* Prüfungsrecht auszusprechen.
[20] Dies verkennen *Geiger* ebd. und *Hall* ebd., die auf den Unterschied zwischen materiellem und formellem Prüfungsrecht nicht eingehen.
[21] So ausdrücklich *Stern* Art. 94 Rdn. 42 f.; vgl. auch *Lechner*, Kommentar, ebd.; *Arndt* ebd.; *Menzel* ebd.; *Klein* ebd.; ablehnend *Busse* ebd.

Zweiter Teil

Zulässigkeit und erhöhte Bestandsgarantie der §§ 6 V und 7 BVGG

Die Untersuchung wendet sich nunmehr dem zweiten großen Problemkreis des derzeitigen Wahlverfahrens zu, der in den bisherigen Erörterungen ausgespart wurde. Ausgehend von der Entstehungsgeschichte sollen die rechtliche Zulässigkeit und politische Zweckmäßigkeit des qualifizierten Abstimmungsquorums der §§ 6 V und 7 BVGG dargestellt werden. Daran anschließen wird sich der Versuch nachzuweisen, daß diesen Bestimmungen eine erhöhte Bestandsgarantie immanent ist, derzufolge sie nur unter Mitwirkung der parlamentarischen Minderheit abgeändert werden können.

Abschnitt A

Zulässigkeit, Zweckmäßigkeit und Unvollkommenheit der §§ 6 V und 7 BVGG

1. Entstehungsgeschichte

Die Entstehungsgeschichte der heutigen §§ 6 V und 7 BVGG fällt zwar im wesentlichen in das Jahr 1950, jedoch spielte die Frage des Abstimmungsquorums gerade bei der Novelle von 1956 eine entscheidende Rolle. Es sollen deshalb hier sowohl die Beratungen des Jahres 1950 als auch der Jahre 1955/56 zur Darstellung gelangen.

a) 1950/51

Wann die Idee, die künftigen BV-Richter durch eine qualifizierte Mehrheit wählen zu lassen, das erste Mal formuliert worden ist, läßt sich heute nicht mehr feststellen. Aus der Arbeit des Herrenchiemseer Konvents und des Parlamentarischen Rates sind keinerlei Erörterungen über die Art und Weise der Abstimmung bei der Richterwahl bezeugt, woraus geschlossen werden kann, daß man damals diese Frage für zweitrangig hielt[1]. Denkbar ist aber auch, daß die Anwendung des Verhältnisgrundsatzes oder eines qualifizierten Quorums zwar ins Auge gefaßt wurden, eine Entscheidung hierüber jedoch dem späteren Gesetzgeber auf der Grundlage des Art. 94 I 2 in Verbindung mit Art. 42 II 2 bzw. 52 III 1 GG überlassen bleiben sollte.

Als der Bundesgesetzgeber 1950 die Errichtung des BVG vorbereitete, sahen — wie oben bereits dargestellt wurde[2] — sowohl der Vorschlag der Regierung, als auch der der SPD eine qualifizierte Mehrheit für die Wahl der Richter vor[3]. Die Erörterungen dieser Frage, die im Rechtsausschuß am 15. 3. 1950 aufgenommen wurden, machten sofort deutlich, daß alle Parteien den Grundsatz befürworteten, die Richter des BVG müßten durch eine *breite* Mehrheit legitimiert sein, die über einzelne Parteigruppierungen hinausgehe[4]. Der Abg. *v. Merkatz* (DP) meinte, eine solche Wahl werde insbesondere bei Zerreißproben ihr Gutes erweisen, da sie den Gerichtshof dazu führen könne, sich ganz auf die Findung rechtlicher Maßstäbe anstatt politischer Entscheidungen zu konzentrieren[4].

In der übernächsten Sitzung betonte auch der Abg. *Arndt* (SPD), man sei sich ja darüber einig, daß für die Richterwahl weder die einfache Mehrheit genügen könne, noch eine Verhältniswahl in Betracht kommen dürfe. Deshalb zielten die Vorschläge, die er beide für praktikabel halte, darauf ab, daß die Mitglieder des BVG Richter des allgemeinen Vertrauens sein sollten, also mehr hinter sich haben müßten als nur die jeweilige Mehrheit[5]. Dieser Standpunkt, den alle Ausschußmitglieder teilten, wurde in den folgenden Sitzungen mehrmals bekräftigt[6], ohne daß man erörterte, was zu geschehen habe, wenn die vorgesehene Mehrheit auf Dauer in einem der Wahlgremien nicht erreicht werde. Offenbar herrschte unter den Fraktionen in dieser Frage eine solche Einmütigkeit, daß zukünftige Komplikationen gar nicht für möglich gehalten wurden. Dies fand sinnfälligen Ausdruck dadurch, daß bei der zweiten Lesung des BVGG-Entwurfes im Plenum am 18. und 25. 1. 51 weder der Berichterstatter des Ausschusses, *v. Merkatz* (DP), noch irgendein anderer Abgeordneter auf das Abstimmungsquorum für die Richterwahl eingingen[7].

---

[1] s. oben I. A. 1. a).
[2] s. oben I. B. 1. a).
[3] § 6 Regierungsentwurf BTags-Drs. 788 vom 28. 3. 50; §§ 5 und 7 SPD-Entwurf, BTags-Drs. 328 vom 14. 12. 49.
[4] Steno-Prot. der 21. Sitzung des Rechtsaussch. am 15. 3. 50.
[5] Steno-Prot. der 23. Sitzung des Rechtsaussch. am 21. 3. 50.
[6] Vgl. Prot. der 27. Sitzung des Rechstaussch. am 18. 4. 50; Prot. der 65. Sitzung des Rechstaussch. am 25. 10. 50; Prot. der 66. Sitzung des Rechtsaussch. am 3. 11. 50.
[7] BTags-Prot. der 112. Sitz., 4218 A — 4235 D; BTags-Prot. der 114. Sitz., 4287 C — 4304 A.

Das BVGG, das am 16. 4. 51 verkündet wurde[8], folgte in seinen §§ 6 und 7 im wesentlichen dem Entwurf der SPD und verlangte dementsprechend für die Wahl im Wahlmännerausschuß eine Dreiviertelmehrheit und für die im Bundesrat eine Zweidrittelmehrheit der Abstimmenden. Die besonders hoch qualifizierte Mehrheit im Ausschuß hielt man für erforderlich, um die Verkürzung der Proportionen vom Plenum auf 12 Wahlmänner auszugleichen[9].

b) 1955/56

Am 3. 6. 1955 leitete die Bundesregierung dem Bundesrat einen Gesetzentwurf zur Änderung des BVGG zu[10], der zum Ziel hatte, eine Vielzahl von Problemen, die seit der Errichtung des BVG aufgetreten waren, einer neuen Regelung zuzuführen[11]. Neben einer Herabsetzung der Richterzahl und einer neuen Geschäftsverteilung unter den beiden Senaten sah der Entwurf auch eine Änderung des Wahlverfahrens vor. Demzufolge sollte § 6 Abs. IV (jetzt Abs. V) um folgenden Satz 2 ergänzt werden: „Kommt im ersten Wahlgang keine Wahl zustande, so findet unverzüglich ein weiterer Wahlgang statt, in dem gewählt ist, wer mindestens sieben Stimmen auf sich vereinigt." Für § 7 BVGG war ebenfalls ein Satz 2 vorgesehen, wonach im zweiten Wahlgang die Mehrheit der Stimmen des Bundesrates ausreichen sollte[12].

Zur Begründung führte die Vorlage an, die bisher erforderliche qualifizierte Mehrheit könne dazu führen, daß eine Wahl verzögert und in extremen Fällen die Arbeit des BVG unmöglich gemacht werde[13]. Damit bezog sich die Bundesregierung in durchsichtiger Weise auf die Tatsache, daß in den Jahren 1952 bis 1954 die Nachwahlen von Richtern aus *politischen* Gründen verzögert worden waren[14]. In seiner Stellungnahme verlangte nun der Bundesrat die ersatzlose Streichung dieser Vorschläge, da eine Änderung des bisher gesetzlich vorgesehenen Wahlverfahrens weder zu diesem noch zu einem späteren Zeitpunkt in der Form, wie die

---

[8] Bundesgesetzblatt I S. 243.
[9] s. näher *Geiger* a.a.O. § 6 Anm. 4.
[10] BRats-Drs. 178/55.
[11] Zu den Schwierigkeiten, mit denen das BVG am Anfang seiner Tätigkeit zu kämpfen hatte, s. näher *Geiger*, Zur Reform des BVGG, 1956, S. 211 ff.; *Laufer* a.a.O. S. 170 ff.
[12] BTags-Drs. 1662, S. 2, Art. 1, Nr. 3 und 4.
[13] a.a.O. S. 9.
[14] Das BVG hatte damals über eine vorbeugende Feststellungsklage der SPD-Fraktion des Bundestages vom 31. 1. 52 zu entscheiden, die darauf abzielte, jegliche Wiederbewaffnung für verfassungswidrig erklären zu lassen (s. hierzu BVerfGE 1, 398). Regierung wie Opposition befürchteten nun, durch eine *falsche* Besetzung der freigewordenen Richterstellen die Besetzung des Gerichtes nachteilig zu beeinflussen. Vgl. näher *Laufer* a.a.O. S. 245 ff.

Regierungsvorlage sie vorsehe, tragbar sei[15]. Die Bundesregierung ließ sich dennoch nicht davon abbringen, ihren Entwurf am 10. 9. 55 unverändert dem Bundestag zuzuleiten.

In der ersten Lesung[16] des Änderungsgesetzes im Plenum am 27. 10. 55 begründete Bundesjustizminister *Neumayer* die Vorlage vor allem mit dem Argument, es sei prinzipiell bedenklich, die Bildung eines notwendigen Staatsorgans von einer qualifizierten Mehrheit abhängig zu machen, ohne Vorsorge für den Fall zu treffen, daß diese nicht zustande komme[17]. Bei der Ausarbeitung des BVGG vor fünf Jahren habe man sich vorgestellt, daß im Hinblick auf das d'Hondtsche Verfahren die Dreiviertelmehrheit im Wahlmännerausschuß ungefähr einer Zweidrittelmehrheit im Plenum entspreche. Die Erfahrung habe aber gezeigt, daß auch einer Minderheit, die kein Drittel im Plenum darstelle, im Wahlausschuß ein Drittel zufallen könne. Dies werde sehr unangenehme Konsequenzen haben, wenn man sich vorstelle, daß im Bundestag wieder Parteien vertreten sein könnten, die von rechts und von links die Demokratie mit sogenannten legalen Mitteln bekämpfen. Gerade deshalb dürfe ein Verfassungsorgan wie das BVG nicht von überhöhten Mehrheitsforderungen abhängig gemacht werden. Zur Verdeutlichung zog er die Wahl des Bundeskanzlers und des Bundespräsidenten heran, wo ebenfalls die einfache Mehrheit ausreiche, wenn die zunächst geforderte absolute Stimmenmajorität in zwei Wahlgängen nicht erreicht werde[17].

Gegen diesen Vergleich machte der Abg. *Bucher* (FDP) geltend, der Bundeskanzler sei der Repräsentant der Regierungsmehrheit und der Bundespräsident habe die Entscheidungen derselben auszuführen. Dagegen sei das BVG gerade der Hüter der Rechte der Minderheit. Die Lösung der Regierungsvorlage sei zwar verfassungsrechtlich durchaus zulässig, jedoch habe im ersten Bundestag darüber Einigkeit geherrscht, daß das BVGG als wesentliches Organisationsgesetz materiellen Verfassungsrang habe und deshalb nur einstimmig beschlossen werden dürfe[18].

Für die SPD betonte der Abg. *Metzger,* ein so wichtiges Verfassungsorgan wie das BVG könne nur arbeiten, wenn bei der Wahl der Richter Persönlichkeiten gefunden würden, die das Vertrauen des ganzen Parlaments und damit des ganzen Volkes hätten. Wer das nicht einsehe und glaube, die Fragen mit einem technischen Kniff lösen zu können, der habe nicht verstanden, was es bedeute, in einem demokratischen Rechtsstaat ein ausgewogenes Kräfteverhältnis und eine Grundlage des Vertrauens zu schaffen[19]. Zur Bekräftigung las *Metzger* aus einer einstimmig

---
[15] a.a.O. S. 19.
[16] BTags-Prot. der 109. Sitz., 5928 D — 5949 A.
[17] 5930 D — 5931 B.
[18] 5934 A — C; vgl. *Laufer* a.a.O. S. 188.
[19] 5938 D — 5939 A.

vom BVG beschlossenen Stellungnahme zum Entwurf des Änderungsgesetzes vor[20]. In diesem *Votum* hieß es unter anderem, das vorgeschlagene Verfahren stelle nicht eine Verbesserung, sondern geradezu eine Verschlechterung des jetzigen Wahlverfahrens dar, und „die Gefahr, daß die nach einem solchen Verfahren gewählten Richter als Vertreter einer politischen Richtung erscheinen könnten, sollte es ausschließen, das bisherige Verfahren in der im Regierungsentwurf vorgeschlagenen Weise zu ändern"[20]. Bedenken äußerte schließlich auch der Abg. *Gille* (GB/BHE), der warnend hervorhob, der Verbesserungsvorschlag der Regierung werde zu dem Vorwurf führen, das BVG sei ein parteipolitisch einseitig zusammengesetztes Gremium[21].

Die Ausschußberatungen des Änderungsgesetzes, die am 16. 1. 56 begannen[22], waren ebenfalls von der überwiegend ablehnenden Haltung gekennzeichnet, die alle Mitglieder gegenüber der Regierungsvorlage einnahmen. Für die SPD vertrat *Arndt* nach einem ausführlichen Exkurs in die Vorgeschichte der §§ 6 und 7 BVGG die Ansicht, es bestehe kein Grund, an dem bisherigen Wahlmodus etwas zu ändern. Dieser entspreche der Tradition, daß dort, wo eine Repräsentation nicht nur der Mehrheit erforderlich sei, eine Zweidrittelmehrheit vorgesehen werde, damit zumindest keine Minderheit zurückbleibe, die ein Drittel überschreite. Im gegenwärtigen Wahlmännerausschuß entspreche die Dreiviertelmehrheit denn auch ziemlich genau der Zweidrittelmehrheit des Bundestages[22].

Daß auch die Regierungsparteien dem Entwurf der Bundesregierung durchaus kritisch gegenüber standen, wurde in den Ausführungen des Abg. *Weber* (CDU/CSU) deutlich. Zwar hielt er das gegenwärtige Wahlsystem für ungenügend, für die Wahl im Falle einer Nichteinigung im Ausschuß wollte er aber statt eines einfachen Mehrheitsbeschlusses eine Kommission als quasi neutrale Instanz einschalten. Auf jeden Fall, meinte er, komme es darauf an, das Ansehen des BVG als eines unpolitischen Gerichtes zu erhalten[22].

Da im Ausschuß also insoweit Einigkeit herrschte, daß die Regierungsvorlage kaum praktikabel sei, weil sie die Bereitschaft, Kompromisse zu finden, herabsetze, wodurch am Ende ein Gericht der Mehrheit herauskommen könne, trat der Gedanke, ein neutrales Gremium einzuschalten, immer mehr in den Vordergrund. Die Opposition war allerdings der Auffassung, ein solches Gremium, bestehend etwa aus den Präsidenten der Bundesgerichte, sei für die ihm zugedachte Rolle eines *pouvoir neutre*

---
[20] 5939 A — B; die Stellungnahme des BVG blieb ansonsten unveröffentlicht.
[21] 5945 B.
[22] Prot. der 99. Sitzung des Rechtsaussch. am 16. 1. 56; vgl. *Laufer* a.a.O. S. 189 ff.

ungeeignet. *Arndt* insbesondere meinte, echte Neutralisierung könne man allein durch qualifizierte Mehrheit hervorbringen[23]. Dagegen stellte sich die Mehrheit des Ausschusses auf den Standpunkt, gerade wenn ein *pouvoir neutre* fehle, müsse die politische Entscheidung bei der Mehrheit liegen[24].

Um dem jedoch die parteipolitische Schärfe zu nehmen, sah der schließlich mit Mehrheit verabschiedete Ausschußentwurf in einem neuen § 7 a die Einschaltung eines Beirates vor[25], der aus zwei Präsidenten oberer Bundesgerichte, zwei öffentlich-rechtlichen Ordinarien und drei Präsidenten von Landesverfassungsgerichten zusammengesetzt sein sollte. Diesem Beirat war die Aufgabe zugedacht, mit Mehrheit Vorschläge für den dritten Wahlgang im Wahlmännergremium zu beschließen. Im Ausschuß sollte dann für die Wahl eines der vom Beirat Vorgeschlagenen die einfache Mehrheit ausreichen, während andere Kandidaten nach wie vor mit qualifizierter Mehrheit zu wählen wären[25].

Am 20. 6. 56 wurde die Regierungsvorlage vom Bundestag in zweiter Lesung zusammen mit dem schriftlichen Bericht des Rechtsausschusses beraten[26]. Dabei lehnten die Abg. *Greve* (SPD)[27] und *Bucher* (FDP)[28] beide Entwürfe aus verfassungsrechtlichen und politischen Gründen ab, die jedoch gegenüber den bereits bei den Ausschußberatungen vorgetragenen Argumenten kein Novum darstellten. Bei den anschließenden Abstimmungen wurde ein Änderungsantrag der SPD auf Streichung des vorgesehenen § 7 a über den Beirat abgelehnt[29], die Ausschußvorlage dagegen vom Plenum mit Mehrheit angenommen[30].

In unmittelbarem Anschluß daran fand die dritte Lesung des Änderungsgesetzes statt[31]. Während die Regierungsparteien sich keine Mühe gaben, die Vorlage nochmals eingehend zu begründen, faßte *Arndt* in einer großartigen Rede die Argumente zusammen, die seine Fraktion zur Ablehnung dieses Gesetzes bewögen[32]. Zunächst konzentrierte er sich darauf, Demokratie sei keineswegs allein die Herrschaft des Mehrheitsprinzips, sondern bedeute vor allem auch Minderheitenschutz. Danach

---

[23] Prot. der 120. Sitzung des Rechtsaussch. am 19. 3. 56; Prot. der 121. Sitzung des Rechtsaussch. am 21. 3. 56.
[24] BTags-Drs. 2388, S. 2 f.
[25] BTags-Drs. 2388 II 4a; vgl. *Laufer* S. 193 ff.
[26] BTags-Prot. der 156. Sitzung des Bundestages, 7936 A — 7965 C; BTags-Drs. 2388 vom 16. 5. 56; vgl. *Laufer* a.a.O. S. 195 ff.
[27] 7950 ff.
[28] 7957 f.
[29] Umdruck 647 Ziffer 3; 7965 A—B.
[30] 7965 C.
[31] 7965 D — 7970 C; vgl. *Laufer* a.a.O. S. 197.
[32] 7965 D — 7970 C.

begann er mit vielen Beispielen darzulegen, daß schon seit geraumer Zeit zwischen BVG und Bundesregierung eine Art kalten Krieges geführt werde. So beinhalte auch die beabsichtigte Gesetzesänderung nicht nur eine Brüskierung und Diskriminierung der Minderheit, sondern sei unmittelbar ein Anschlag auf das BVG selbst[33]. Schließlich schloß er seine Ausführungen mit der Ankündigung, die SPD-Fraktion werde alle Wahlen boykottieren, an denen der vorgesehene Beirat mitwirke, sie werde ferner Wahlen, die unter dessen Beteiligung zustande kämen, nicht akzeptieren und alle demokratischen Mittel in Anspruch nehmen, um dem Versuch der Gleichschaltung des BVG entgegen zu wirken[34]. Auch diese Drohung konnte jedoch die Regierungsparteien nicht davon abhalten, dem Änderungsgesetz in dritter Lesung die Zustimmung zu geben[35].

Nun befaßte sich der Bundesrat mit der Vorlage. Zunächst kam dessen Rechtsausschuß zu der Überzeugung, der den Beirat betreffende § 7 a sei verfassungsrechtlich und verfassungspolitisch bedenklich. In seinem Bericht empfahl er deshalb dem Plenum des Bundesrates, den Vermittlungsausschuß anzurufen[36]. Der Bundesrat entschied darauf am 29. 6. 56, das Gesetz bedürfe seiner Zustimmung, und entschloß sich anschließend mit Mehrheit zur Anrufung des Vermittlungsausschusses nach Art. 76 GG[37], um die Änderung des Wahlmodus und die Errichtung des Beirates zu verhindern[38].

---

[33] 7967 A — 7968 C.

[34] 7970 B—C.

[35] Die namentliche Abstimmung ergab 205 Für- und 167 Gegenstimmen; 7977 B, 8033 A — 8037 D.

[36] BRats-Drs. 240/56.

[37] BRats-Sitzungsbericht der 161. Sitz. am 29. 6. 56, 222 A — 226 D; vgl. *Laufer* a.a.O. S. 197 f.

[38] Zur Änderung des Wahlmodus hieß es in den Gründen für die Einberufung des Vermittlungsausschusses, BTags-Drs. 579 vom 29. 6. 56, S. 2, wörtlich: „1. Zu einer Änderung des geltenden Wahlmodus für die Wahl der Richter am Bundesverfassungsgericht besteht kein Anlaß. Die Anwendung der einschlägigen Vorschriften hat bisher nie die Gefahr der Beschlußunfähigkeit des Bundesverfassungsgerichts heraufbeschworen.
2. Verfassungspolitisch ist es nicht tragbar, gesetzliche Regelungen zu schaffen, die davon ausgehen, daß sich die gesetzgebenden Körperschaften als nicht imstande erweisen, einer ihnen von der Verfassung auferlegten Aufgabe in angemessener Frist zu genügen. Um eine solche staatspolitische Aufgabe von hohem Rang handelt es sich aber bei der Wahl der Richter am Bundesverfassungsgericht.
Die Bestellung zum Richter am Bundesverfassungsgericht bedarf bei der hohen Bedeutung dieses Verfassungsorgans einer möglichst breiten Vertrauensgrundlage. Eine solche wird nur erzielt, wenn die Wahl durch qualifizierte Mehrheit zustande kommt. Aus diesem Grunde hat sich auch das Bundesverfassungsgericht in seinen bisherigen Äußerungen mit Nachdruck gegen eine Änderung des geltenden Wahlmodus gewandt. Die nach dem Gesetzesbeschluß des Bundestages vorgesehene Möglichkeit einer Richterwahl mit ein-

Der Vermittlungsausschuß arbeitete nun einen Vorschlag aus, der darauf hinauslief, daß die gesamte Konstruktion des § 7 a gestrichen wurde. Als Trostpflaster setzte man in § 6 V die Qualifikationsbestimmung von drei Vierteln der Mitglieder auf zwei Drittel herab, indem nun acht Stimmen im Wahlmännerausschuß für die Richterwahl ausreichen sollten. Die Konstruktion des Beirates fand in einem neuen § 7 a als „Wahlverfahren in besonderen Fällen" einen schwachen Ersatz, der jedoch ohne vergleichbare Bedeutung war, da die Verbindung mit einem Abgehen von der qualifizierten Mehrheit fehlte[39].

Dieser Vorschlag wurde vom Bundestag am 6. Juli 1956 mit einigen Gegenstimmen und einigen Enthaltungen angenommen[40], woraufhin ihn der Bundesrat am 20. Juli 1956 einstimmig billigte[41]. Damit war der Versuch derjenigen Politiker, die glaubten, das unbedingte Funktionieren des Wahlverfahrens über die unbestrittenen Vorteile der Wahl durch qualifizierte Mehrheit stellen zu müssen, endgültig gescheitert. Die große Mehrheit der am Gesetzgebungsverfahren Beteiligten hielt an der 1951 einmütig gewonnenen Überzeugung fest, daß nur eine Wahl der Verfassungsrichter unter Einbeziehung der parlamentarischen Minderheit der Institution des BVG angemessen sei.

2. Zulässigkeit und Zweckmäßigkeit der §§ 6 V und 7 BVGG

a) Zulässigkeit

Es fällt auf, daß bei den Beratungen in den parlamentarischen Gremien zu keiner Zeit die Frage aufgeworfen wurde, ob das in den §§ 6 V und 7 BVGG vorgesehene Abstimmungsquorum mit Art. 94 I 2 GG vereinbar sei. Nicht ganz ohne Grund meint dagegen *Willms*, eine qualifizierte Mehrheit wirke sich dann als sinnwidrig und schädlich aus, wenn von ihrer Erreichung die Kreation eines notwendigen Verfassungsorgans abhänge. Dementsprechend habe der Verfassungsgeber auch in Art. 94 GG schlicht von Wahl gesprochen, womit offensichtlich nur die mit einfacher Mehrheit gemeint sein könne. Auch Art. 94 II GG gestatte es nicht, von dieser Regel abzuweichen[42].

---

facher Mehrheit würde die Gefahr entstehen lassen, daß innerhalb des Bundesverfassungsgerichts Richter verschiedener Vertrauensqualität tätig sind, nämlich Richter, die mit qualifizierter Mehrheit gewählt sind, und Richter, die nur mit einfacher Mehrheit gewählt sind."

[39] BTags-Drs. 2612; vgl. *Laufer* a.a.O. S. 198.
[40] BTags-Prot. der 159. Sitzung am 6. 7. 56, 8764.
[41] BRats-Sitzungsbericht der 162. Sitzung am 20. 7. 56, 251.
[42] *Willms* a.a.O. S. 1209 f.

Abschnitt A: Erörterung der §§ 6 V und 7 BVGG   55

In der Tat wird man sich zur Rechtfertigung der §§ 6 V und 7 BVGG weder auf Art. 94 II GG, noch allein auf Vernunftgründe berufen dürfen[43]. Für den Bundestag (§ 6 V BVGG) folgt die Ermächtigung zur Abweichung von Art. 94 I 2 in Verbindung mit Art. 42 II 1 GG vielmehr aus Art. 42 II 2 GG[44]. Schwieriger ist die Situation hinsichtlich des § 7 BVGG insoweit, als Art. 52 III GG anders als Art. 42 II 2 GG nicht ausdrücklich für vom Bundesrat vorzunehmende Wahlen Ausnahmen zuläßt.

Die Frage ist, ob es einer solchen Ermächtigung wirklich bedarf, da Art. 52 III 1 GG nur bestimmt, der Bundesrat fasse seine Beschlüsse „mindestens" mit der Mehrheit seiner Stimmen. Es wird nicht der Sinn dieser Formulierung sein, dem Bundesrat das selbstverständliche Recht einzuräumen, einen Beschluß auch mit einer größeren Mehrheit zu fassen. Der Aussagegehalt des Art. 52 III 1 GG kann vielmehr nur darin liegen, daß Gesetze oder Geschäftsordnungen *auch* ein *anderes* Quorum für die Beschlußfassung des Bundesrates festsetzen können, sofern dieses materiell „mindestens" die Mehrheit der Stimmen verlangt. Damit aber drückt Art. 52 III 1 GG einfacher und weitreichender eben das aus, was Art. 42 II 2 GG hinsichtlich der Wahlen im Bundestag zuläßt. Da die Wahlen der Verfassungsrichter also gemäß Art. 94 I 2 und 52 III 1 GG mindestens mit der Mehrheit der Stimmen erfolgen müssen, stellt § 7 BVGG überhaupt keine Abweichung dar, für die es einer Ermächtigung bedürfte.

b) Zweckmäßigkeit

Nunmehr bleibt die Zweckmäßigkeit der Wahl mit qualifizierter Mehrheit zu untersuchen. Es leuchtet unmittelbar ein, daß das BVG um so besser seine Aufgaben erfüllen kann, je unabhängiger, neutraler und qualifizierter die Richterpersönlichkeiten sind, aus denen es sich zusammensetzt[45]. Ob die Wahl durch parlamentarische Gremien der Erreichung dieses Zieles in besonderem Maße dienlich ist, oder ob grundsätzlich andere Auswahlverfahren vorzuziehen wären[46], bedarf hier keiner Erörterung, da der Verfassungsgeber — wohl in Hinblick auf Art. 20 II GG — für die Besetzung des BVG als einem Verfassungsorgan in Art. 94 I 2 GG ein Wahlverfahren vorgesehen hat, das den Richtern eine

---

[43] So verfährt die Literatur, wie im folgenden deutlich werden wird. Allein *Thoma*, a.a.O. S. 188, hält es wenigstens für notwendig zu erwähnen, daß § 7 BVGG mit dem Wortlaut und Sinn des GG nicht *unvereinbar* scheine.
[44] Natürlich wird dadurch nur die Festsetzung der qbalifizierten Mehrheit in § 6 V BVGG gedeckt, nicht aber der Umstand, daß statt zwei Dritteln der Mitglieder des Bundestages acht von zwölf Wahlmännerstimmen für die Wahl eines Richters erforderlich sind. Vgl. näher oben I. A. 1. b).
[45] I. d. S. schon *Hans Kelsen*, Wesen und Entwicklung der Staatsgerichtsbarkeit, VVDStRL Heft 5, 1929, S. 55 und 85, Leitsatz 5.
[46] s. *Müller* S. 149 ff.; *Laufer* S. 208 f.

mittelbare *demokratische* Legitimation verleihen sollte[47]. Liegt die Wahl durch Bundestag und Bundesrat also fest, so können alle Zweckmäßigkeitserwägungen nur noch um die Frage kreisen, nach welchem System oder mit welchen Mehrheiten die Wahl der Richter in beiden Gremien vorgenommen werden soll. Vereinfacht lassen sich Mehrheitsentscheidung, Verhältnisgrundsatz und Wahl unter Einschluß der Minderheit einander gegenüberstellen.

Eine schlichte Mehrheitsentscheidung erscheint, von welcher Seite aus man diese Frage auch betrachtet, als die denkbar schlechteste Lösung des Problems, da sie die Opposition vollkommen ausschaltet und das Gericht zugleich schutzlos in die Hände der Regierungsparteien ausliefert[48]. Dagegen hat die Anwendung des Verhältnisgrundsatzes immerhin den Vorzug, daß die Opposition aller Schattierungen zum Zuge kommen kann[49]. Verhindert dieses Verfahren mithin zwar eine einseitige Besetzung, so fördert es zugleich aber auch die politische *Spaltung* des Gerichtes in zwei heterogene Blöcke, was weder dem Ansehen, noch der Wirkungskraft des Verfassungsorgans zuträglich sein kann[50]. Die am Gesetzgebungsverfahren 1951 beteiligten Fraktionen taten deshalb sicher gut daran, daß sie allein ein Wahlverfahren ins Auge faßten, das durch Anwendung des erhöhten Quorums auch die Opposition an der Entscheidung beteiligte[51].

Wirklich bietet nur dieses Verfahren die Gewähr dafür, daß sich das Gericht eine weitestgehende Unabhängigkeit von den jeweils herrschenden Parteien erhalten kann, ohne die echte Autorität gegenüber den anderen Verfassungsorganen nicht zu erlangen ist[52]. Allerdings wird diese Neutralisierung des BVG mit dem Preis erkauft, daß im Falle heftiger politischer Gegensätze in den Wahlgremien unter Umständen

---

[47] Vgl. *Laufer* S. 210 f. mit weiteren Nachweisen.

[48] Eine Wahl durch einfache Mehrheit wird nur von *Willms*, a.a.O. S. 1209 f., gutgeheißen.

[49] So empfahl *Hans Kelsen*, a.a.O. S. 57, die verhältnismäßige Stärke der Parteien bei der Besetzung des künftigen Staatsgerichtshofes zu berücksichtigen, um auf diesem Wege unkontrollierbare Parteieinflüsse auf das Gericht auszuschalten; s. auch *Julius Hatschek*, Allgemeines Staatsrecht auf rechtsvergleichender Grundlage, 2. Teil, 1909, S. 120.

[50] s. auch *Geiger* § 6 Anm. 2; *Arndt* a.a.O. S. 298.

[51] s. oben I. B. 1 a); vgl. *Geiger* a.a.O. § 6 Anm. 2.

[52] Dies ist die nahezu einhellige Ansicht der Literatur. Vgl. *Geiger* a.a.O. § 6 Anm. 2; *ders.*, Zur Reform des BVGG, S. 228 ff.; *Arndt* a.a.O. S. 298; *Thoma* a.a.O. S. 187 f.; *Körtge* a.a.O. S. 111; *Rudolf Katz*, Zur Stellung der 3. Gewalt, 1957 (2. Aufl.) S. 27; *Roemer* a.a.O. S. 193; *Gerhard A. Reifenberg*, Die Bundesverfassungsorgane und ihre Geschäftsordnungen, Diss. 1958, S. 110; *Lechner*, Grundrechte, S. 697; *Ernst Friesenhahn*, Länderbericht, Verfassungsgerichtsbarkeit der Gegenwart, 1963, S. 102; *ders.*, Aufgabe und Funktion des BVG, S. 13; *Julius Federer*, Zuständigkeit und Verfahren des BVG, Das BVG, 1963, S. 41; *Klein* in *Maunz/Sigloch* u. a., § 5 Rdn. 4; *Laufer* a.a.O. S. 212 f.; *Stern* in BK Art. 94, Rdn. 65.

Abschnitt A: Erörterung der §§ 6 V und 7 BVGG 57

längere Zeit überhaupt keine Richterwahl zustande kommt, wodurch schließlich das Gericht selbst in Beschlußunfähigkeit versetzt werden kann[53]. Um diese Gefahr zu bannen, erscheint es deshalb wünschenswert, Wege vorzusehen, wie hilfsweise die Besetzung des Gerichtes sicherzustellen ist, wenn die nicht erzwingbare qualifizierte Mehrheit für eine Richterwahl auf Dauer nicht erreicht wird[54].

Allerdings wäre es verfehlt, eine Lösung des Problems darin zu suchen, daß man, wie bei der Kreation anderer notwendiger Verfassungsorgane, als ultima ratio auf die Anwendung des einfachen Mehrheitsgrundsatzes zurückgreift[55]. Eine solche Möglichkeit würde der Mehrheit ein unübersehbares Druckmittel in die Hand geben und sie geradezu dazu verführen, statt der langwierigen und mühevollen Suche nach beiderseits akzeptablen Kompromissen eine Majorisierung der politischen Minderheitsgruppen zu betreiben[56]. Dies gilt besonders deshalb, weil das BVG als Garant vor allem der Minderheiten[57] weniger vor Obstruktion seitens der Opposition zu schützen ist, als viel eher vor Lähmung durch die Regierungsparteien, die naturgemäß auf die Mitwirkung des BVG im Verfassungsleben *leichter* verzichten können[58].

Das Quorum der §§ 6 V und 7 BVGG stellt daher eine in jeder Beziehung[59] zweckmäßige Erschwerung des Wahlverfahrens dar, auch wenn damit das Risiko eingegangen wird, daß eine Wahl überhaupt nicht zustande kommt. Das BVG kann seine Aufgaben nur dann zufriedenstellend erfüllen, wenn alle politischen Kräftegruppen zu seiner grundsätzlichen

---

[53] *Willms*, a.a.O. S. 1210, meint, der Wahlmodus berge das Scheitern des Wahlgeschäfts chronisch in sich. *Theodor Eschenburg*, Herrschaft der Verbände?, 1963, S. 70, glaubt, der Gesetzgeber habe die soziologische Erfahrung übersehen, daß sich eine qualifizierte Mehrheit nicht erzwingen läßt. Vgl. hierzu auch *Eduard Dreher*, Glanz und Elend der Staatsgerichtsbarkeit, NJW 1951, S. 380; *Thoma* a.a.O. S. 188; *Müller* a.a.O. S. 157; *Laufer* a.a.O. S. 213 f.

[54] Vgl. hierzu *Geiger*, Reform des BVGG, S. 228 ff.; *Eschenburg* a.a.O. S. 71; *Müller* a.a.O. S. 154 ff.; *Laufer* ebd.; s. ferner unten III. 3.

[55] Vgl. *Gerhard Leibholz*, Verfassungsgerichtsbarkeit im demokratischen Rechtsstaat, 1967, S. 182; *Eschenburg* a.a.O. S. 70; *Müller* a.a.O. S. 155 und 171. Er macht deutlich, daß das Wahlverfahren den beiden Funktionen des BVG als Verfassungsorgan und als Gericht gerecht werden müsse.

[56] Im Votum des BVG, das der Abg. *Metzger* (SPD) in der 109. Sitzung des Bundestages am 27. 10. 55 verlas, heißt es: „Der Zwang, sich mit qualifizierter Mehrheit auf einen Kandidaten zu einigen, wird nicht wirksam, wenn dasselbe Wahlgremium nach erfolgloser Wahl ohne weiteres in einem zweiten Wahlgang den Kandidaten mit einfacher Mehrheit wählen kann. Bei dieser Sachlage würde der 1. Wahlgang von vornherein unter dem Schatten der Möglichkeit des weiteren Wahlgangs mit einfacher Mehrheit stehen." BTags-Prot. 5939 B.

[57] I. d. S. *Dreher*, a.a.O. S. 381, bereits im Jahre 1951.

[58] Dies verkennen *Müller*, a.a.O. S. 157, und *Laufer*, a.a.O. S. 214.

[59] *Hans Schneider*, Betrachtungen zum BVG, NJW 1953, S. 803, weist freilich mit Recht darauf hin, daß die qualifizierte Mehrheit neben ihrem positiven neutralisierenden Faktor den Nachteil mit einschließt, daß sie eine politische Aufschlüsselung der Richterstellen begünstigt.

Bereitschaft, unparteiisch und ohne Ansehung der Person zu urteilen, Vertrauen fassen können[60]. Es kann deshalb auch nicht genügen, wie *Schneider* mit Recht bemerkt[61], wenn sich die Richter innerlich niemandem verpflichtet fühlen und wirklich unbefangen sind. Erforderlich ist vielmehr, daß *auch* die öffentliche Meinung die Richter für innerlich ungebunden und frei halten kann.

Glaubt jemand dagegen, sich den Luxus eines unabdingbaren Mitspracherechts der Minderheit nicht leisten zu können, um dafür auch in Zeiten, in denen das demokratische Prinzip in den parlamentarischen Gremien nicht mehr funktioniert[62], ein formal arbeitsfähiges Verfassungsgericht zu erhalten, so übersieht er, daß *dieses* Verfassungsorgan schon in gewöhnlichen Zeiten keinen greifbaren Wert verkörpert[63].

3. Unvollkommenheit der §§ 6 V und 7 BVGG

a) Rechtliche Unvollkommenheit

Wenn demnach auch die Vernunftgründe zahlreich sind, die eine Wahl der Richter mit qualifizierter Mehrheit als die einzig sinnvolle Möglichkeit erscheinen lassen, so ist einem dennoch nicht ganz wohl bei dem überschwenglichen Lob, das diesem Wahlverfahren von Seiten der Literatur und der Praxis gezollt wird. Ein gewisses Unbehagen bereitet die Tatsache, daß der mit den §§ 6 und 7 BVGG ausgeübte Zwang zur Einigung nur so lange besteht, wie die Parlamentsmehrheit von ihrer Möglichkeit, das BVGG zu ändern, keinen Gebrauch macht. Mit Recht weist *Stern* darauf hin, daß die unerfreulichen Auseinandersetzungen von 1956 nur möglich waren, weil das Wahlverfahren insoweit nicht „gesetzesfest" in der Verfassung abgesichert ist[64].

Demgegenüber hat die Mehrzahl der Autoren, die das Erfordernis qualifizierter Mehrheit als Garantie eines Mitspracherechts der Oppo-

---

[60] Vgl. *Geiger*, Reform des BVGG, S. 229; s. auch *Kelsen* a.a.O. S. 108.
[61] *Schneider* a.a.O. S. 803.
[62] s. *Körtge* a.a.O. S. 112.
[63] Etwas überspitzt äußert *Leibholz*, a.a.O. S. 182, die Ansicht, dann sei es schon besser, den Rechtsausschuß im Parlament entscheiden zu lassen, was jeweils Rechtens sein solle. Ähnlich meint *Carl Schmitt*, Der Hüter der Verfassung, 1931, S. 109, wenn die Inhaber der politischen Macht den nötigen Einfluß auf die Besetzung der Richterstellen hätten, so werde die justizförmige Erledigung der anstehenden Fragen ein bequemes Mittel ihrer Politik sein.
[64] *Stern* in BK Art. 94 Rdn. 64; *Willms*, a.a.O. S. 1211, hält die §§ 6 V und 7 BVGG deshalb für „sinnwidrig"; *Hamann*, a.a.O. Art. 94 B 3, erwähnt die einfache Abänderbarkeit der §§ 6 V und 7 BVGG, ohne daraus Schlüsse zu ziehen; *Geiger*, Reform des BVGG, S. 230 und *Arndt*, Prot. der 120. Sitzung des Rechtsaussch. am 19. 3. 56, halten eine Gesetzesänderung nur unter ganz besonderen Voraussetzungen für legitim, worauf unten noch einzugehen sein wird.

sition oder als Verhinderung einer Majorisierung von Minderheitsgruppen feiern, die *Drohung* offenbar nicht erkannt, unter der diese Garantie steht[65]. Daß es sich hierbei nicht um ein leeres Druckmittel handelt, dessen Anwendung, weil gegen die elementaren Spielregeln der Demokratie verstoßend, außer Betracht bleiben kann, macht die bereits geschilderte Kontroverse um das Änderungsgesetz 1956 hinreichend deutlich.

b) Politische Unvollkommenheit

Zu jedem Zeitpunkt kann es geschehen, daß fällige Richterwahlen in einem der Wahlgremien nicht zustande kommen, weil sich Regierungsparteien und Opposition auf keine Persönlichkeiten zu einigen vermögen. Der tiefere Grund mag beispielsweise der sein, daß die Oppositionspartei beim BVG eine Normenkontrollklage erhoben hat und beide Seiten nun befürchten, durch eine Fehlbesetzung das Gleichgewicht in den Senaten des Gerichts zu ihren Ungunsten zu verschieben. Wenn schließlich die Öffentlichkeit unruhig wird oder die Beschlußfähigkeit des Gerichts fraglich erscheint, wird die Regierung gezwungen sein zu handeln. Verfügen ihre Parteien über die erforderliche Mehrheit in Bundestag und Bundesrat, so können sie im Wege *einfacher* Gesetzesänderung das erhöhte Quorum aus den §§ 6 und 7 BVGG entfernen. Unter Anwendung der veränderten Bestimmungen werden sodann die Richter in beiden Wahlgremien mit einfacher Stimmenmajorität gewählt.

Die Mehrheit, die der Minderheit keinen Kompromiß abhandeln konnte, setzt also im Wege der Gesetzesänderung *dennoch* ihren Willen durch. Man wird einwenden, jede Regierung werde sich aus Furcht vor Reaktionen der Öffentlichkeit nur dann zu einem solchen Vorgehen entschließen, wenn eine andere Lösung der Krise undenkbar geworden ist. Auch kann man meinen, es sei im Interesse des BVG selbst geboten, dieses letzte Mittel in der Hand der Mehrheit zu belassen, wenn die Funktionsfähigkeit des Gerichtes auf dem Spiele steht[66].

---

[65] s. *Körtge* a.a.O. S. 111; *Katz* a.a.O. S. 27; *Roemer* a.a.O. S. 193; *Reifenberg* a.a.O. S. 110; *Lechner*, Grundrechte, S. 697; *Friesenhahn*, Länderbericht a.a.O. S. 102; *Klein* in *Maunz/Sigloch* u. a. § 5 Rdn. 4. *Laufer* erörtert, a.a.O. S. 168, unter den Gefahren, die dem BVG vom *verfassunggebenden* Gesetzgeber drohen, auch eine Abschaffung des Art. 94 I 2 und der §§ 6 V und 7 BVGG. An anderer Stelle, wo die Einflußnahme des *Bundes*gesetzgebers auf das BVG untersucht wird, fehlt dagegen der Hinweis, daß der *einfache* Gesetzgeber im Wege der Abschaffung der §§ 6 V und 7 BVGG das Gericht jederzeit gleichschalten kann, S. 169 ff. und 212 f. *Eschenburg* a.a.O. S. 72, hebt zwar angesichts eines eigenen Änderungsvorschlages für das Wahlverfahren hervor, daß es für dessen Erfüllung nur einer einfachen Gesetzesänderung bedürfe, realisiert aber nicht die Auswirkungen dieses Rechtszustandes auf die gegenwärtigen Bestimmungen.

[66] So z. B. *Thoma* a.a.O. S. 188.

Beide Einwände können jedoch nicht überzeugen; der eine, weil er bereits 1956 widerlegt wurde[67], der andere, weil er ein *untaugliches* Mittel anbietet, welches dasjenige, was man sich von ihm erhofft, nicht zu leisten vermag. Ganz im Gegenteil bedroht ein solcher vorgesehener Ausweg für extreme Situationen die Funktionsfähigkeit des BVG schon in normalen Zeiten, weil er die Kompromißbereitschaft der Mehrheitsparteien untergräbt, ja diese geradezu verleitet, die Dinge auf die Spitze zu treiben[68]. Gleichzeitig wird dem Mitspracherecht der Minderheit, das gerade in politisch angespannten Situationen seine Tragfähigkeit erweisen müßte, hierdurch die Schärfe genommen. Ist es also der Mehrheit gestattet, unter besonderen Voraussetzungen das BVG gleichzuschalten, so beinhalten die §§ 6V und 7 BVGG letztlich doch nur ein Programm des guten Willens, nicht aber ein in jeder Hinsicht garantiertes Mitwirkungsrecht der Minorität.

Das soll nicht heißen, daß diese Vorschriften damit überflüssig geworden sind. Wenn *Willms*[69] es für „sinnwidrig und politisch unklug" hält, qualifizierte Mehrheiten in Gesetzen vorzusehen, die selbst mit einfacher Mehrheit abänderbar sind, so ist dem mit Nachdruck entgegenzuhalten, daß es in einer funktionierenden Demokratie durchaus ausreichen kann, wenn die Rechte der Minderheiten ‚garantiert' sind, indem die Gesetzgebungsorgane den Willen haben, solche Normen nur zu ändern, sofern zwingende Gründe es erfordern[70].

Wenn es daher der Unabhängigkeit des BVG durchaus zuträglich ist, daß die §§ 6V und 7 BVGG der Minderheit ein Mitwirkungsrecht einräumen, dessen Bestand allein durch den guten Willen der demokratischen Mehrheit garantiert wird, so ist damit gleichwohl sicher *kein* Idealzustand erreicht. In einem Staat mit geschriebener Verfassung wird man vielmehr fordern dürfen, daß Bestimmungen von solcher Bedeutung für die Existenz eines Verfassungsorgans in den Text des Grundgesetzes selbst Aufnahme finden.

---

[67] *Friesenhahn*, Länderbericht, a.a.O. S. 102 Anm. 30, meint zwar, die Bestrebungen der Regierungsmehrheit seien 1956 schließlich fallen gelassen worden, und zwar nicht zuletzt angesichts des einhelligen Widerstands der öffentlichen Meinung. Tatsächlich wurden die Pläne jedoch keineswegs von den Initiatoren fallen gelassen; sie scheiterten vielmehr sowohl im Bundesrat, als auch anschließend im Vermittlungsausschuß; vgl. *Leibholz* a.a.O. S. 182 Anm. 3 und *Laufer* a.a.O. S. 198. Hieran zeigt sich gerade, daß die Entrüstung der öffentlichen Meinung *kein* ausreichender Schutz für Minderheitenrechte ist.

[68] s. oben Anm. 56; vgl. auch *Müller* a.a.O. S. 173.

[69] *Willms* a.a.O. S. 1211.

[70] Auch sonst erschöpft sich Demokratie nicht im schlichten Mehrheitsprinzip; vgl. *Müller* a.a.O. S. 156. Beispielsweise hat die Mehrheit des Bundestages, wenn sie eine Änderung ihrer Geschäftsordnung beabsichtigt, nicht nur zu prüfen, ob ihr Vorhaben mit dem GG vereinbar ist, sondern muß auch berücksichtigen, ob parlamentarische Tradition und politische Fairness die Änderung unbedenklich erscheinen lassen; vgl. BVerfGE 1, 148 f.; *Maunz/Dürig* Art. 40 Rdn. 21; *v. Mangoldt/Klein* S. 916.

Dieses Verlangen entspringt nicht etwa der Vorstellung, alles wesentlichere materielle Verfassungsrecht müsse sich in dem Text der Verfassungsurkunde niederschlagen[71], sondern berücksichtigt lediglich die Tatsache, daß heute allein das GG eine erhöhte formelle Bestandsgarantie aufweist. Grundsätzlich wäre der Sache deshalb in gleicher Weise gedient, wenn das BVGG um eine Bestimmung erweitert würde, die seine wichtigsten Regelungen unter den Schutz *erschwerter* Abänderbarkeit stellt. Welches Maß an Wahrscheinlichkeit besteht, daß der Gesetzgeber in der einen oder anderen Weise die §§ 6 V und 7 BVGG absichern wird, kann indes dahingestellt bleiben, wenn man den Gedanken ins Auge faßt, daß diesen Bestimmungen kraft ihres materiellen Gehaltes möglicherweise ohnedies eine erhöhte Bestandsgarantie *immanent* ist. Mit dieser Frage, die über den gegebenen Anlaß hinaus von grundsätzlicher Bedeutung sein dürfte, soll sich nun der nächste Abschnitt befassen.

Abschnitt B

Die immanente erhöhte Bestandsgarantie der §§ 6 V und 7 BVGG

1. Problemstellung

Es wurde bisher gezeigt, daß Theorie und Praxis die §§ 6 V und 7 BVGG fast einhellig so beurteilen, als dürften beide Bestimmungen durch materiell *inadäquate* Regelungen nur dann ersetzt werden, wenn die Opposition sich mit diesem Vorgehen einverstanden erklärt. Nun aber gilt es zu untersuchen, ob diese de facto eingeräumte erhöhte Bestandsgarantie nur von den politischen Gruppen *fingiert* wird, oder ob sie auch verfassungsrechtlich und damit vor politischen Krisen geschützt tatsächlich besteht. Eine letzteres bejahende Argumentation könnte aus dem Wesen der Verfassungsgerichtsbarkeit selbst begründet werden, sie könnte aber auch an den logischen Gehalt der betreffenden Bestimmungen anknüpfen.

---

[71] Dazu, daß die Verfassung keine Gesamtkodifikation darstellen kann, s. etwa *Julius Hatschek*, Deutsches und Preußisches Staatsrecht, 1930, Bd. I, S. 29 ff.

II. Teil: Zulässigkeit und Bestandsgarantie der §§ 6 V und 7 BVGG

a) Erhöhte Bestandsgarantie kann aus dem Wesen der Verfassungsgerichtsbarkeit folgen

Es ist deshalb zunächst die Frage aufzuwerfen, ob Art. 94 I GG überhaupt in der geläufigen Weise interpretiert werden kann, daß nach seinem Wortlaut die Richterwahl mit einfacher Mehrheit erfolgen dürfe[1]. Die Rechtsordnung, die das GG unserem politischen und gesellschaftlichen Leben aufgeprägt hat, wird wesentlich gekennzeichnet durch die Einführung des richterlichen Prüfungsrechts, das *Laufer* als ein Essential der konstitutionellen Demokratie bezeichnet[2]. Zwar ist zweifelhaft, ob damit die Verfassungsgerichtsbarkeit automatisch einen den Artikeln 20, 79 III GG adäquaten Schutz gegenüber dem verfassungsändernden Gesetz genießt[3]. Sicher ist aber, daß die Funktionen der Verfassungsgerichtsbarkeit, insbesondere wie sie vom Grundgesetzgeber konzipiert worden sind, nur von einem sowohl unabhängigen, als auch neutralen Organ zufriedenstellend erfüllt werden können[4]. Insofern folgt also aus der Rolle des BVG in unserem demokratisch-pluralistischen Rechtsstaat allein schon, daß die Besetzung des Gerichts eine unparteiische, zumindest aber *mehr*parteiische zu sein hat[5]. Auf Art. 94 I 2 GG angewandt kann das

---

[1] s. z. B. *Hamann* a.a.O. Art. 94 Anm. B 3; *Willms* a.a.O. S. 1210.

[2] *Laufer* a.a.O. S. 151 ff. Zum richterlichen Prüfungsrecht s. etwa *Ernst von Hippel*, Das richterliche Prüfungsrecht, HDStR Bd. 2, 1932, S. 546 ff., mit allen Nachweisen über die lebhafte Diskussion in der Weimarer Zeit.

[3] Die Verfassungsgerichtsbarkeit wird allgemein nicht unter den Schutz des Art. 79 III GG gestellt; vgl. *Maunz/Dürig* Art. 79 Rdn. 48. Auch *Laufer*, a.a.O. S. 149 ff., legt sich insoweit nicht fest, betont aber, eine ersatzlose Beseitigung der Verfassungsgerichtsbarkeit würde gegen die konstitutionelle Demokratie selbst verstoßen (S. 155). Eine solche Überspitzung wird man allerdings mit *Hermann Heller*, Wesen und Entwicklung der Staatsgerichtsbarkeit, VVDStRL Heft 5, 1929, Aussprache S. 113, unter Hinweis auf England zurückweisen müssen, mag letzteres auch formal eine konstitutionelle Monarchie sein.
Tatsächlich geht es hier weniger um Art 79 III GG, der die Verfassungsgerichtsbarkeit nur dann schützt, wenn sie *wesentlicher* Bestandteil des Rechtsstaates ist, sondern allgemein um die Grenzen der Verfassungsänderung. Ob diesbezügliche Überlegungen, anknüpfend an *Carl Schmitt*, *Herrfahrdt* oder *Ehmke* zu einer neuen Einschätzung der Verfassungsgerichtsbarkeit führen können, muß hier dahingestellt bleiben; vgl. *Carl Schmitt*, Verfassungslehre, 1928, S. 102 ff.; *Heinrich Herrfahrdt*, Wege und Grenzen der Verfassungsänderung, Reich und Länder, 1929/30, S. 270—279; *Horst Ehmke*, Grenzen der Verfassungsänderung, 1953.

[4] So hat schon *J. C. Bluntschli*, Lehre vom modernen Staat, 1885 (6. Aufl.) Bd. II, S. 140 f. Anm. 7, seine Ablehnung des richterlichen Prüfungsrechts folgendermaßen begründet: „Würde es gelingen, einen staatswissenschaftlich durchgebildeten Staatsgerichtshof oder Senat herzustellen, dem mit politischem Vertrauen eine negative Kontrolle auch des Gesetzgebungskörpers anvertraut werden könnte, so würde mein Hauptbedenken beschwichtigt sein." Vgl. auch *Richard Schmidt*, Allgemeine Staatslehre, 1901, Bd. I, S. 213; *Robert von Mohl*, Staatsrecht und Völkerrecht, 1860, S. 305; *Kelsen* a.a.O. S. 55.

[5] *Geiger*, Reform des BVGG, S. 229, bezeichnet dies als eine „Existenzfrage des BVG"; vgl. auch *Hans Spanner*, Die richterliche Prüfung von Gesetzen und Verordnungen, 1951, S. 95 ff.; *Müller* a.a.O. S. 161. *Ernst v. Hippel*, Ungeschrie-

bedeuten, daß ihm das Gebot immanent ist, die Richterwahl entweder mit qualifizierter Mehrheit, oder im Wege der Verhältniswahl vorzunehmen.

Diese Argumentation ist richtig, wenn die Wahl der Richter durch einfachen Mehrheitsbeschluß notwendig zur Gleichschaltung des Gerichts führt. Denn in einem solchen Falle wäre es besser, man verzichtete überhaupt auf ein richterliches Prüfungsrecht, anstatt verfassungswidrige Beschlüsse der Mehrheit durch ein Gericht scheinbar legitimieren zu lassen[6]. Die Erfahrung hier wie anderswo hat jedoch gerade gezeigt, daß auch politisch einseitig ausgerichtete Persönlichkeiten, wenn sie zum Verfassungsrichter berufen werden, alsbald versuchen, einen objektiven und möglichst neutralen Standpunkt einzunehmen[7]. Auch ist keineswegs zwingend, daß immer dieselbe politische Gruppe in einfachen Mehrheitsentscheidungen die Oberhand gewinnt, so daß im Laufe der Zeit Richter sehr verschiedener politischer Ausrichtung in das Gericht gelangen können[8]. Man wird deshalb zu dem Schluß kommen, daß die §§ 6 V und 7 BVGG eine zwar im Interesse des BVG sehr wünschenswerte Regelung beinhalten, die jedoch in ihrem materiellen Kern von Art. 94 I 2 GG nicht zwingend gefordert und daher auch nicht geschützt wird. Aus dem Wesen der Verfassungsgerichtsbarkeit allein läßt sich eine erhöhte immanente Bestandsgarantie also *nicht* ableiten.

b) Erhöhte Bestandsgarantie kann aus dem materiellen Gehalt der §§ 6 V und 7 BVGG logisch folgen

Die Untersuchung muß sich deshalb jetzt dem materiellen Gehalt der §§ 6 V und 7 BVGG selbst zuwenden. Es ist gewiß billigenswert, wenn ein ganzes Parlament in einem Gesetz beschließt, sich in bestimmten Fragen besondere Beschränkungen aufzuerlegen. Zu Bedenken aber gibt es Anlaß, wenn die Mehrheit desselben Gremiums die eingegangene Selbst-

---

benes Verfassungsrecht, VVDStRL Heft 10 (1952), S. 29, formulierte auf der Staatsrechtslehrertagung das Prinzip: „Ein Organ muß seinem Wesen nach geeignet sein, die Aufgabe zu erfüllen, die eine Verfassung ihm gibt..."

[6] In diesem Sinne *Leibholz* a.a.O. S. 182; vgl. auch *Richard Schmidt* a.a.O. S. 213 und *Carl Schmitt*, Hüter der Verfassung, S. 109.

[7] s. *Friesenhahn*, Aufgabe und Funktion des BVG, S. 14; *Karl Loewenstein*, Staatspolitik und Verfassungsrecht in den Vereinigten Staaten 1955—1964, JÖR N.F. 13, 1964, S. 82: „Die Persönlichkeitsentwicklung läßt sich nicht voraus berechnen und, einmal im Amt, kann ein Saulus zum Paulus oder ein Paulus zum Saulus werden." Vgl. auch *Leibholz* a.a.O. S. 181.

[8] Dies ist beispielsweise in den USA der Fall, wo jeder im Amt befindliche Präsident sein Recht, die Bundesrichter zu ernennen, gewöhnlich bis zur Neige auskostet, indem er ausschließlich Persönlichkeiten seiner politischen Richtung auswählt. Vgl. hierzu näher *Karl Loewenstein*, Staatspolitik und Verfassungsrecht in den Vereinigten Staaten 1933—1954, JÖR N.F. 4, 1955, S. 121; *ders.*, Verfassungsrecht und Verfassungspraxis der Vereinigten Staaten, 1959, S. 411 ff.

bindung jederzeit wieder abstreifen kann, ohne sich um die Rechte derer zu bekümmern, die durch das gemeinsam Vereinbarte vielleicht ein spezielles Mitspracherecht *erworben* haben. Es ist zu fragen, ob für die §§ 6 V und 7 BVGG nicht allein aus der Tatsache, daß sie den Legislativorganen für die Wahl der BV-Richter eine qualifizierte Stimmenmehrheit von zwei Dritteln abverlangen, logisch folgt, daß sie *selbst* nur mit einer *adäquaten* Mehrheit im Gesetzgebungsverfahren abänderbar sind[9].

Solche Überlegungen, wie einleuchtend sie auch sein mögen, finden sich in der Literatur leider recht selten, so daß es erlaubt sein mag, ein Zitat vom Beginn des vorigen Jahrhunderts zur Stützung der hier vorgetragenen Thesen anzuführen. Auf der Wiener Konferenz von 1819 führten Graf *Münster* und der Oldenburgische Gesandte *v. Berg* im Plenum am 24. Dezember unter allgemeiner Zustimmung aus, „daß in den wenigsten ältern Verfassungen eine bestimmte Art, wie sie abzuändern, gefunden werde und doch ... aus der Verfassung selbst der Grundsatz abgeleitet werden müsse, daß gegenseitige Rechte und Pflichten nicht einseitig abgeändert werden können"[10].

Dieser logische Gedankengang hat auch im heutigen Verfassungsrecht seinen Niederschlag gefunden, was bei einer Gegenüberstellung der Absätze 1 und 2 des Art. 79 GG mit Abs. 3 desselben Artikels deutlich wird. Während Abs. 3 einige Bestimmungen des GG für nicht abänderbar erklärt, ist er selbst, positivistisch betrachtet, gem. den Absätzen 1 und 2 mit Zweidrittelmehrheit abänderbar. Die ratio legis zwingt aber dennoch dazu, Art. 79 III GG als unabänderlich zu behandeln, da er andernfalls seine spezielle Schutzwirkung für die Art. 1 und 20 GG nicht wirksam entfalten könnte[11].

Einen weiteren Fall[12], bei dem ähnliche Überlegungen angezeigt erscheinen, bilden die §§ 127 GeschOBT und 31 GeschOBR. Während die Geschäftsordnungen gem. den Artikeln 42 II 1 bzw. 52 III 1 GG ent-

---

[9] *Anton Dyroff*, Rechtssatzung und Gesetz, 1889, S. 97, meint, der Wille, einem Gesetz erhöhte Bestandsgarantie zu verleihen, könne vom Gesetzgeber „mit unmittelbaren Worten ausgedrückt oder durch den Inhalt des Gesetzes implicite erklärt werden".

[10] Mitgeteilt bei *Heinrich Albert Zachariä*, Deutsches Staats- und Bundesrecht, 1. Teil, 1865, S. 294 Anm. 4.

[11] Mit Recht meinen deshalb *Maunz/Dürig*, Art. 79 Rdn. 18, die Vorschrift des Absatz III würde sich andernfalls selbst paralysieren; s. auch ebd. Rdn. 50 mit weiteren Nachweisen. Eine grundsätzlich andere Frage ist es, ob Art. 79 II in beliebiger Weise durch eine Zweidrittelmehrheit abänderbar ist. Gewisse Grenzen, wie sie hierbei beispielsweise *Ehmke*, a.a.O. S. 137, konstatiert, fußen nicht auf logischer Konsequenz, sondern auf der Einsicht in den Integrationszusammenhang der Verfassung.

[12] Dagegen handelt es sich bei dem Verhältnis der Artikel 106 und 107 GG zum Finanzverfassungsgesetz vom 23. 12. 55 (BGBl. I S. 817) nicht um logische, sondern um teleologische Überlegungen; s. hierüber näher unten Anm. 18.

sprechend wie Gesetze abänderbar sind[13], lassen die §§ 127 GeschOBT und 31 GeschOBR für Einzelfälle Abweichungen zu, sofern sich im Bundestag eine Zweidrittelmehrheit bzw. im Bundesrat das Plenum einstimmig dafür aussprechen. Auch hier könnte es einer Mehrheit, der die Minderheit für eine Abweichung die Gefolgschaft versagt, in den Sinn kommen, die genannten Bestimmungen in der Weise zu ändern, daß in Zukunft die einfache Mehrheit zur Durchbrechung der GeschO ausreichen soll.

Nun ist es aber in einem demokratischen Rechtsstaat, der Wert auf Rechtssicherheit und Minderheitenschutz legen muß, grundsätzlich *ungewöhnlich*, die Abweichung von einer Norm für den Einzelfall überhaupt zuzulassen. Da der tatsächliche Einfluß der Geschäftsordnungen auf den Gang der Gesetzgebung zu groß ist, als daß man sie insofern als reines Parlamentsinternum betrachten könnte[14], muß dieser Gedanke notwendig auch auf die Geschäftsordnungen höchster Bundesorgane Anwendung finden. Die Abweichung nach § 127 GeschOBT von einer GeschO-Norm ist deshalb überhaupt nur unter der Voraussetzung zulässig, daß sich die überwältigende Mehrheit des Plenums für ein solches Verfahren ausspricht.

Die §§ 127 GeschOBT und 31 GeschOBR weisen in ihrem Kern also insofern eine teilweise erhöhte Bestandsgarantie auf, als sie zwar von der Mehrheit *ersatzlos* gestrichen werden können — wodurch dann eine Durchbrechung der GeschO schlechthin unzulässig wird — jedoch dagegen nicht durch eine Regelung ersetzt werden dürfen, die auf eine Herabsetzung des erforderlichen Quorums hinausliefe.

Hinsichtlich der §§ 6 V und 7 BVGG ist die logische Ableitung einer erhöhten Bestandsgarantie aus dem materiellen Gehalt der Normen heraus allerdings nur dann gerechtfertigt, wenn der Gesetzgeber alle hierfür erforderlichen Voraussetzungen bewußt geschaffen hat. Erscheint die Formulierung der beiden Bestimmungen dagegen als Ergebnis wesentlich zufälliger Gesetzgebungsvorgänge, so wird man eine bewußte Selbstbindung des Parlaments aus den §§ 6 V und 7 BVGG nicht herauslesen dürfen. Aber auch eine positive Beantwortung dieser Frage könnte nicht entscheidend weiterhelfen, wenn die Annahme einer erhöhten Bestandsgarantie unserem gesamten Rechtsverfassungssystem widerstreiten würde. Hiervon wird deshalb als nächstes zu handeln sein.

---

[13] Vgl. *Maunz/Dürig* Art. 40 Rdn. 20; *v. Mangoldt/Klein* S. 917; Otto Koellreutter, Staatsrecht, 1953, S. 187.

[14] Zur Rechtsnatur der GeschOen siehe näher *Fritz Stier-Somlo*, Parlament und Parlamentsrecht, Handwörterbuch der Rechtswissenschaft, 1927, Bd. IV S. 364 ff.; *Rüdiger Altmann*, Zum Rechtscharakter der GeschO des Deutschen Bundestages, DÖV 1956, S. 751 ff.; *Maunz/Dürig* Art. 40 Rdn. 21.

2. Rechtliche Zulässigkeit einer erhöhten Bestandsgarantie der §§ 6 V und 7 BVGG

a) Vereinbarkeit mit Art. 79 GG

Wenn die §§ 6 V und 7 BVGG nur noch mit qualifizierter Mehrheit abänderbar sind, so bilden sie praktisch eine Änderung oder Ergänzung des Art. 94 I 2 GG, mit dem sie dann rechtlich auf einer Stufe stehen. Nach Art. 79 I 1 GG ist jedoch die Änderung oder Ergänzung der Verfassung nur im Wege eines förmlich darauf gerichteten Gesetzes möglich[15].

Eine Verfassungsänderung können die §§ 6V und 7 BVGG dadurch herbeigeführt haben, daß sie Art. 94 I 2 insoweit einengen, als die Wahl der Richter jetzt Zweidrittelmehrheiten erfordert. Dann muß Art. 94 I 2 jedoch so interpretiert werden, als umfasse er, indem er die Frage des Abstimmungsquorums offen läßt, das *Gebot* der Anwendung des schlichten Mehrheitsprinzips[16]. Eine solche Ansicht ist, namentlich im Hinblick auf Art. 42 II 1 GG gewiß nicht abwegig, wird aber unter Berücksichtigung des Wesens der Verfassungsgerichtsbarkeit zumindest fragwürdig und bei Heranziehung von Art. 42 II 2 GG bzw. Art. 52 III 1 GG sogar eindeutig widerlegt[17].

Tatsächlich stellen die §§ 6 V und 7 BVGG aber eine Verfassungsergänzung dar. Zwar verlangt Art. 79 I GG auch für solche ein förmlich darauf gerichtetes Gesetz, jedoch bezieht sich diese Vorschrift nur auf Ergänzungen des Urkundentextes[18]. Anders als bei verfassungsändern-

---

[15] Die Bestimmung beinhaltet, historisch betrachtet, ein Verbot der Verfassungsdurchbrechung, wie sie unter den Reichsverfassungen von 1871 und 1919 möglich war; vgl. dazu statt vieler *Karl Loewenstein*, Erscheinungsformen der Verfassungsänderung, 1931, S. 32 ff.; *Horst Ehmke*, Verfassungsänderung und Verfassungsdurchbrechung, AÖR 79 (1953/54) S. 385 ff. mit den weiteren Nachweisen. Art. 79 I 1 GG knüpft damit wieder an Art. 107 der Preußischen Verfassung vom 31. 1. 1850 an. Vgl. dazu *Ludwig von Roenne,* Das Staatsrecht der Preußischen Monarchie, 2. Aufl. 1864, 1. Bd. S. 463: „Jede Verfassungsänderung erfordert übrigens ein ausdrücklich darauf gerichtetes ‚Verfassungs-Aenderungs-Gesetz‘,...".

[16] So ausdrücklich *Willms* a.a.O. S. 1210.

[17] Vgl. unten II. B. 2. b).

[18] Problematisch ist in diesem Zusammenhang das Finanzverfassungsgesetz vom 23. 12. 55 (BGBl. I S. 817), das formellen Verfassungsrang hat, obwohl es als einfaches Bundesgesetz ergangen ist. Weil es das Ziel des Art. 106 GG alter Fassung gewesen sei, den Finanzausgleich verfassungsrechtlich abzusichern, soll Art. 107 GG den Bundesgesetzgeber dazu ermächtigt haben, einen Teil Verfassungsgebung gleichsam nachzuholen; s. hierzu etwa *Herbert Fischer-Menshausen*, Das Finanzverfassungsgesetz, DÖV 1956, S. 161 ff.; *Walter Seuffert*, Die Finanzverfassung der Bundesrepublik und Art. 107 des GG, Festschrift für Hans Nawiasky, 1956, S. 309 f.; *Bühler* in BK, Vorbemerkung zur Neufassung der Art. 106—107; *Maunz/Dürig,* Art. 106 Rdn. 25 mit weiteren Nachweisen.

Verfassungsrechtlich korrekter wäre es wohl gewesen, die Finanzverfas-

den Gesetzen, die nicht neben dem GG existieren können, ohne wegen Art. 79 I 1 GG sogleich verfassungswidrig zu sein, ist der Zahl der Gesetze mit materiell verfassungsergänzendem Inhalt durch Art. 79 I GG *keine* Grenze gesetzt. Dies muß selbst dann gelten, wenn ein solches Gesetz, aus welchen Gründen auch immer, eine dem GG ähnliche Bestandsgarantie aufweist und insofern de facto den Rang der formellen Verfassung erreicht[19]. Ein anderer Standpunkt würde dazu zwingen, alle wichtigen Verfassungsmaterien in das GG mit aufzunehmen, oder aber der Disposition des einfachen Gesetzgebers zu überlassen. Während das eine dazu führen kann, daß die Verfassung mit Nebensächlichkeiten überlastet wird und schließlich an Unübersichtlichkeit leidet, gefährdet das andere die rechtliche und politische Basis des Staates.

Läßt sich demnach das Ideal eines sowohl knappen, als auch allumfassenden Grundgesetzes leichter fordern als verwirklichen, so können gerade einfache Gesetze mit erhöhter Bestandsgarantie eine fühlbare *Entlastung* der formellen Verfassung bewirken. Zwar kann dies dazu führen, daß jede beliebige Verfassungsmaterie mit erhöhter Bestandsgarantie ausgestattet wird und materiell gleichgeordnete Bestimmungen das eigentliche Grundgesetz zu überwuchern beginnen. Die Gefahr einer solchen Entwicklung erscheint jedoch gegenstandslos, wenn man die generell geringe Neigung des Gesetzgebers, sich selbst vermeidbare Fesseln anzulegen berücksichtigt und die Zulässigkeit von Gesetzen mit erhöhter Bestandsgarantie mit der Forderung verbindet, daß solche Gesetze unter Mitwirkung der Opposition durch eine Zweidrittelmehrheit

---

sung in einem Bundesgesetz mit erhöhter Bestandsgarantie zu regeln, anstatt die Art. 106 und 107 in einem in Hinblick auf Art. 79 I 1 zweifelhaften Verfahren durch einfaches Gesetz neu zu fassen. Auf diese Weise hätte sich zudem die detaillierte Festlegung der Steuerverteilung im GG *vermeiden* lassen, *ohne* daß die Vorzüge der erschwerten Abänderbarkeit für die Finanzverfassung preisgegeben worden wären.

In ähnlicher Weise bestimmte schon § 46 IV des Gesetzes über die Reichsfinanzverwaltung vom 10. 9. 1919 (RGBl. S. 1291), daß eine Änderung der Vorschriften, nach denen den Ländern ein bestimmter Anteil an der Reichseinkommensteuer zugewiesen wurde, nur unter den Voraussetzungen erfolgen könne, die nach Art. 76 WV für Verfassungsänderungen vorgesehen seien. Hierzu näher s. *Karl Loewenstein,* Die Rechtsgültigkeit der gesetzlichen Neuregelung der Biersteuerentschädigung, AÖR 52 (1927) S. 249, und *Erwin Jacobi,* Reichsverfassungsänderung, Die Reichsgerichtspraxis im Deutschen Rechtsleben, 1929, S. 275, mit weiteren Nachweisen.

In Österreich sieht Art. 13 des Bundes-Verfassungsgesetzes sogar ausdrücklich die Regelung der Finanzverfassung durch ein „Bundesverfassungsgesetz" vor. Demgemäß gilt das Finanz-Verfassungs-Gesetz vom 21. 1. 1948 (BGBl. Nr. 45) als Verfassungsgesetz des Bundes; s. *Ludwig Adamovich,* Die Bundesverfassungsgesetze samt Ausführungs- und Nebengesetzen, 1953, S. 170.

[19] Allerdings muß hier besonders sorgfältig geprüft werden, ob das Gesetz sich wirklich streng im Rahmen einer Ergänzung hält. So schon *v. Roenne,* Staatsrecht der Preußischen Monarchie, a.a.O. S. 464. Anders als im Falle der Absätze I—IV des § 6 BVGG ist letzteres bezüglich der §§ 6 V und 7 BVGG zweifelsohne zu bejahen.

verabschiedet werden. Art. 79 I GG begründet somit zwar das Monopol des GG als formeller Verfassung und duldet keinen Eingriff in den Bestand der Grundgesetznormen durch außerhalb des Textes stehende Gesetze, er enthält aber nicht ein generelles Verbot für Normen mit erhöhter Bestandsgarantie.

b) Vereinbarkeit mit Art. 42 II GG

Ein ernstes Hindernis für die Zulässigkeit gewöhnlicher Normen mit erhöhter Bestandsgarantie bildet aber unter Umständen der Art. 42 II 1 GG, der zum Ausdruck bringt, daß zu einem Beschlusse des Bundestages die Abstimmungsmehrheit *nur* in den Fällen nicht ausreicht, die das GG selbst aufführt. *Hugo Preuß* hat im Jahre 1924 erstmals aus dem entsprechenden Art. 32 I 1 WV den Schluß gezogen, der Gesetzgeber könne zwar durch verfassungsänderndes Gesetz die Normen der Verfassung über das Zustandekommen der Gesetze ändern, er dürfe dagegen nicht letztere im Einzelfall durchbrechen, indem er für bestimmte Gesetze die Bedingungen ihres Zustandekommens erleichtere oder erschwere[20]. Auf welchem Hintergrund diese Auffassung, der sich seinerzeit soweit ersichtlich nur *Erwin Jacobi* angeschlossen hat[21], entstanden ist und welche Bedeutung sie im heutigen Verfassungssystem noch einzunehmen vermag, soll nun im folgenden geklärt werden.

α) Unter den Reichsverfassungen von 1871 und 1919 waren neben Gesetzen, die den Text der Verfassungsurkunde änderten, noch zwei weitere Arten von Gesetzen mit Verfassungsrang als zulässig allgemein anerkannt. Den ersten Typ bildeten diejenigen, die unter den erschwerenden Voraussetzungen der Art. 78 RV (1871) bzw. Art. 76 WV (1919) ergangen waren und nach dem Grundsatz der lex posterior einzelne Verfassungsbestimmungen derogierten, ohne in dem Text der Verfassungsurkunde als Änderung oder Amendement in Erscheinung zu treten[22]. Im Laufe der Zeit entwickelte sich hierbei ein heftiger Streit darum, ob solche Gesetze, die echte Verfassungsänderungen oder auch nur Verfassungsdurchbrechungen für bestimmte Fälle vorsehen konnten, *selbst* wiederum nur unter den erschwerten Voraussetzungen ihres Zustandekommens

---

[20] *Hugo Preuß,* Verfassungsändernde Gesetze und Verfassungsurkunde, DJZ 1964, Sp. 654.

[21] *Jacobi* a.a.O. S. 276. Er bezeichnet derartige „Gesetze mit Verfassungskraft" als Verfassungsdurchbrechungen, die nach seiner Auffassung schon damals verfassungswidrig waren, a.a.O. S. 264 ff., 277. *Carl Schmitt,* Verfassungslehre, S. 106, nennt es allgemein einen Mißbrauch, gewöhnliche Gesetze im Wege des Amendement-Verfahrens zu erlassen und damit gegen Änderungen zu sichern.

[22] s. z. B. *Paul Laband,* Das Staatsrecht des Deutschen Reiches, 5. Aufl. 1911, Bd. II S. 41; *Walter Jellinek,* Das verfassungsändernde Reichsgesetz, HDStR Bd. 2, 1932, S. 187 f.; *Gerhard Anschütz,* Die Verfassung des Deutschen Reiches, 14. Aufl. 1933, S. 402 f.

Abschnitt B: Erhöhte Bestandsgarantie der §§ 6 V und 7 BVGG   69

abänderbar waren, oder ob sie im einfachen Gesetzgebungsverfahren revidiert werden konnten[23].

Den zweiten Typ sogenannter Verfassungsgesetze[24] bildeten die Gesetze, denen das Parlament aus beliebigen Gründen eine erhöhte Bestandsgarantie gegen spätere Änderungen beilegen wollte, einerlei welche Bedeutung den darin geregelten Rechtsmaterien zukam. Solche Gesetze, deren es nach 1919 tatsächlich einige gegeben hat[25], waren in der Literatur sowohl nach 1871[26], als auch in der Weimarer Zeit allgemein als zulässig anerkannt[27]. Umstritten war lediglich die Frage, ob sie als einfache Gesetze ergehen durften oder die Form der Art. 78 RV bzw. 76 WV verlangten[28].

β) Im heutigen Verfassungsrecht kommt wegen Art. 79 I 1 GG nur noch die Zulässigkeit der letzteren Art von ‚Verfassungsgesetzen' in Betracht. Folgt man allerdings der Argumentation von *Preuß* und *Jacobi*, so ist es dem Gesetzgeber durch Art. 42 II 1 GG untersagt, sich freiwillig Selbstbeschränkungen aufzuerlegen und z. B. die §§ 6 und 7 BVGG mit erhöhter Bestandsgarantie auszustatten. Eine Differenzierung dieser Betrachtungsweise wird aber durch Art. 52 III 1 GG nahegelegt, der für Beschlüsse des Bundesrates „mindestens" die Mehrheit der Stimmen verlangt[29]. Darin kommt offenbar zum Ausdruck, daß die Mehrheitsent-

---

[23] Für ein einfaches Verfahren z. B. *Laband* a.a.O. S. 42; *Georg Jellinek*, Allgemeine Staatslehre, 3. Aufl. 1914, S. 538 f.; *Georg Meyer*, Lehrbuch des Deutschen Staatsrechts, 1919, 7. Aufl. bearbeitet von *Gerhard Anschütz*, S. 690; *Fritz Poetsch-Heffter*, Handkommentar der Reichsverfassung, 3. Aufl. 1928, S. 323.
Für grundsätzlich erschwerte Abänderbarkeit sind z. B. *Albert Haenel*, Die vertragsmäßigen Elemente der Deutschen Reichsverfassung, 1873, S. 255; *Ludwig v. Roenne*, Das Staatsrecht des Deutschen Reiches, 2. Aufl. 1877, Bd. II S. 36; *Philipp Zorn*, Das Staatsrecht des Deutschen Reiches, 1880, Bd. I S. 125; *Fritz Stier-Somlo*, Deutsches Reichs- und Landesstaatsrecht, Bd. I, 1924, S. 665 f.
Gegen eine Mechanisierung der Regel sind z. B. *Max von Seydel*, Commentar zur Verfassungsurkunde für das Deutsche Reich, 2. Aufl. 1897, S. 418 f.; *Graf zu Dohna*, Zulässigkeit und Form von Verfassungsänderungen ohne Änderung der Verfassungsurkunde, Verhandlungen des 33. Deutschen Juristentages, 1925, S. 39 f.; *Jacobi* a.a.O. S. 264; *Loewenstein* AÖR 52, S. 248 Anm. 28; *Adolf Walz*, Staatsrecht, Das gesamte Deutsche Recht, 1935, Bd. II S. 389.
[24] Die Begriffe „Verfassungsgesetz" (so z. B. bei *Loewenstein* AÖR 52, S. 244) oder „Gesetz mit Verfassungskraft" (so z. B. bei *Jacobi* a.a.O. S. 276) orientieren sich nur an der Verfassung entsprechenden Bestandskraft, ohne zu berücksichtigen, ob das betreffende Gesetz wirklich materielles Verfassungsrecht enthält; vgl. hierzu *Carl Schmitt*, Verfassungslehre, S. 16 ff.
[25] s. näher *Jacobi*, a.a.O. S. 275 f., und *Loewenstein* AÖR 52, S. 248 ff.
[26] s. z. B. *Dyroff* a.a.O. S. 97; *Laband* a.a.O. S. 72.
[27] Vgl. *Loewenstein* AÖR 52, S. 244 mit weiteren Nachweisen. Ablehnend *Preuß*, DJZ 1924, Sp. 654, und *Jacobi* a.a.O. S. 276 f.
[28] s. *Loewenstein* AÖR 52, S. 248 Anm. 28 mit weiteren Nachweisen; *Hatschek*, Deutsches und Preußisches Staatsrecht, S. 21 f. mit Anm. 1; *Jacobi* a.a.O. S. 276 Anm. 101.
[29] Vgl. oben II. A. 2. a).

scheidung nur als Mindesterfordernis garantiert sein soll, während einer *weiteren* Beschränkung des Bundesorgans, sei es durch Bestimmungen des GG oder selbst auferlegte Fesseln damit keine Grenzen gesetzt sind.

Da eine erhöhte Bestandsgarantie der §§ 6 V und 7 BVGG beide Legislativorgane in gleicher Weise binden würde, muß auch die Beurteilung der Zulässigkeit unter gleichmäßiger Berücksichtigung von Art. 42 II 1 und Art. 52 III 1 GG erfolgen. Angesichts der Tatsache, daß Art. 42 II GG vom Parlamentarischen Rat fast ohne Änderung aus der Weimarer Verfassung (Art. 32 I) übernommen wurde[30], Art. 52 III GG hingegen eine vollkommene Neuschöpfung darstellt[31], könnte man diesem sogar als der *originären* Willensäußerung des Verfassungsgebers eine gewisse Priorität einräumen.

γ) Vermag eine Gegenüberstellung der Art. 42 II und 52 III GG allein die Frage nicht zu lösen, so soll deren Klärung unter rechtspolitischen Gesichtspunkten versucht werden. Gewiß ist es wünschenswert, daß der Gesetzgeber sich bei besonders einschneidenden Bestimmungen des materiellen Verfassungsrechts außergewöhnliche Beschränkungen auferlegt, indem er der jeweiligen Minderheit ein unabdingbares Mitspracherecht einräumt. Eine derartige Selbstbindung bringt weniger zum Ausdruck, daß es für die Abänderbarkeit solcher Bestimmungen rechnerisch eines erhöhten Stimmenquorums bedarf, sondern macht vor allem deutlich, daß hier Güter und Interessen auf dem Spiel stehen, deren Verletzung generell abzulehnen ist[32].

Auf der anderen Seite stellt sich die grundsätzliche Frage, wie weit der Gesetzgeber von heute berechtigt sein soll, seinen Nachfolger von morgen in der Bewegungsfreiheit einzuengen[33]. Man darf nicht zulassen, daß eine Regierungsmehrheit gegen Ende einer Legislaturperiode in der durch Meinungsumfragen ausgelösten Befürchtung, die nächsten vier Jahre auf der Oppositionsbank Platz nehmen zu müssen, eine Reihe von Gesetzen durchpaukt und mit erhöhter Bestandsgarantie ausstattet, um den Nachfolgern eine Gesetzesrevision unmöglich zu machen. Dies kann jedoch wirksam verhindert werden, wenn für die Verabschiedung eines solchen Gesetzes eine Zweidrittelmehrheit gefordert wird[34]. Politische

---

[30] s. JÖR N.F. 1, S. 363.

[31] s. JÖR N.F. 1, S. 394.

[32] *Carl Schmitt,* Legalität und Legitimität (1932), in: Verfassungsrechtliche Aufsätze 1958, S. 304 f.

[33] So hielt *Adolf Arndt,* Das Staatsrecht des Deutschen Reiches, 1901, S. 191, den Befürwortern einer erhöhten Bestandsgarantie der Verfassung entgegen, dies könne nur fordern, wer — zu Unrecht — den Verfassungsgebern eine „viel größere Weisheit und Voraussicht" beilege als dem späteren Gesetzgeber.

[34] Dies verkennen *Maunz/Dürig,* Art. 106 Rdn. 25, die bezüglich des Finanzverfassungsgesetzes meinen, es sei wegen Art. 79 I 1 GG *unerheblich,* ob das Gesetz eine Zweidrittelmehrheit erhalten habe. Demnach hätte der einfache Gesetzgeber *gegen* den Willen der Minderheit eine Finanzverfassung verabschie-

Bedenken bestehen dann nur noch in dem wenig wahrscheinlichen Fall, daß eine Koalition heute über zwei Drittel der Parlamentssitze verfügt, morgen aber nicht einmal mehr die Hälfte aller Abgeordneten stellen kann. Ein solch plötzlicher Machtwechsel ist nach dem bisherigen Wahlrecht der Bundesrepublik sehr unwahrscheinlich; das für Änderungen allein zur Debatte stehende System der Dreierwahlkreise würde derartiges überhaupt ausschließen.

δ) Ist also angesichts der Widersprüchlichkeit der Art. 42 II und 52 III GG einerseits und der politischen Realität andererseits gegen Normen mit erhöhter Bestandsgarantie außerhalb des GG dann nichts einzuwenden[34], wenn der Gesetzgeber selbst seinen Beschluß mit entsprechender Stimmenmajorität gefaßt hat, so gilt dies in Hinblick auf Art. 42 II 2 GG für die §§ 6 V und 7 BVGG in besonderem Maße. Denn diese Vorschrift gestattet es dem Bundestag ausdrücklich, für die Wahl der Verfassungsrichter eine qualifizierte Mehrheit vorzusehen[35]. Würde man nun der Argumentation von *Preuß*[36] auch hier noch folgen, so wäre es zwar erlaubt, bezüglich der Richterwahl eine Selbstbeschränkung einzuführen, gleichzeitig aber verboten, mit derselben in jeder Beziehung Ernst zu machen. Nicht nur die Minderheit, sondern die Mehrheit selbst würde auf den Weg demokratischen Vertrauens verwiesen; die Zweidrittelmajorität des Parlaments dürfte sich zwar moralisch, nicht aber desgleichen formell binden. Als Ausweg bliebe dann nur, die selbstbeschränkende Bestimmung, hier also die §§ 6 V und 7 BVGG, in die Verfassung selbst aufzunehmen.

Soll dies jedoch die einzige Möglichkeit sein, um zu einer logisch konsequenten, nämlich materiell und formell *abgesicherten* Selbstbeschränkung zu kommen, so hätte es des Satzes 2 von Art. 42 II GG gar nicht erst bedurft[37]. Hier wird also deutlich, daß die Argumentation von *Preuß* zumindest im vorliegenden Falle nicht aufrecht zu erhalten ist. Die Artikel 42 II 2 und 52 III 1 GG gestatten es dem Gesetzgeber, sich besondere Bindungen aufzuerlegen. Ob er dies überhaupt tun will, ob er es nur als Geste gegenüber der Minderheit aufgefaßt wissen will, auf die zu verzichten er sich vorbehält, oder ob er sich grundsätzlich für immer und

---

den und mit erhöhter Bestandsgarantie ausstatten können, obwohl Art. 106 GG doch gerade nahe legte, daß dieses Problem nur unter Zustimmung *aller* Parteien entschieden werden solle. In Wahrheit kommt es aber hinsichtlich der möglichen erhöhten Bestandsgarantie nicht auf Art. 79 I GG, sondern gerade auf die Verabschiedung des Gesetzes durch Zweidrittelmehrheit an.

[35] s. oben II. A. 2. a).

[36] DJZ 1924, Sp. 654.

[37] Die Vorschrift hätte dann nur noch den zur Zeit ihrer Entstehung unter der Vorherrschaft des Positivismus vielleicht bedeutsamen Sinn, daß das Parlament ‚berechtigt' sei, von der Majorisierung der Minderheiten, beispielsweise durch Anwendung des Verhältnisgrundsatzes, in Einzelfällen abzusehen.

deshalb auch formell in dieser Weise zu binden wünscht, bleibt ihm vollkommen freigestellt.

c) Gesetze mit erhöhter Bestandsgarantie sind keine „Verfassungsgesetze"

Ist somit geklärt, daß Normen mit erhöhter formeller Bestandsgarantie außerhalb des GG mit unserem Verfassungssystem durchaus vereinbar sind[38], so bleibt nun der Vorwurf zu beantworten, derartige Gesetze stellten einen *Mißbrauch* des Amendement-Verfahrens dar[39]. Hier gerade zeigt sich, daß die Bezeichnung ‚Verfassungsgesetz' offenbar zu einer folgenschweren Verwirrung geführt hat. Gesetze, und namentlich die §§ 6 V und 7 BVGG stellen dadurch, daß sie förmlich mit einer gewissen erhöhten Bestandgarantie ausgestattet werden, beileibe noch kein Verfassungsgesetz dar, mögen sie auch materiell das GG ergänzen[40]. Ein Mißbrauch der Befugnis, die Verfassung zu ändern, ist hier ebenso wenig gegeben, wie die Wahl der Verfassungsrichter oder des Wehrbeauftragten[41] keinen solchen darstellen. Was vorliegt, ist lediglich die formelle Respektierung der Tatsache, daß Demokratie sich nicht im Vollzug des Willens der Mehrheit erschöpft. Ein solches Bundesgesetz unterscheidet sich von anderen *nicht mehr,* als Gesetze, die die Zustimmung des Bundesrates verlangen, sich von solchen absondern, die derselben nicht bedürfen[39].

3. Die Ausstattung der §§ 6 V und 7 BVGG mit erhöhter Bestandsgarantie im Jahre 1951

Um den bisher vorgetragenen Argumenten auch gegenüber der politischen Praxis ihre Durchsetzungskraft zu sichern, gilt es abschließend den Nachweis zu führen, daß der Gesetzgeber im Jahre 1951 alle für die erhöhte Bestandsgarantie der §§ 6 V und 7 BVGG erforderlichen Voraussetzungen bewußt geschaffen hat. Weiterhin muß der Wille zur Selbst-

---

[38] So offenbar auch *Karl Loewenstein,* Über Wesen, Technik und Grenzen der Verfassungsänderung, 1961, S. 41, der Erschwerungsgesetze schon deswegen für nützlich hält, „weil eine Verfassung selbst nicht alles regeln kann".

[39] *C. Schmitt,* Verfassungslehre, S. 106; ders., Legalität und Legitimität, a.a.O. S. 306.

[40] Man kann sich ja zur Absicherung eines Gesetzes auch eine beliebige Erschwerung *anderer* Art ausdenken, um die Parallelität mit Art. 79 II GG zu vermeiden; s. hierzu *Dyroff* a.a.O. S. 97.

[41] Der Wehrbeauftragte wird abweichend von Art. 45 b in Verb. mit Art. 42 II 1 GG vom Bundestag gem. § 13 WbG mit der Mehrheit der Mitglieder gewählt. *Maunz/Dürig,* Art. 45 b Rdn. 12, weisen jedoch mit Recht darauf hin, daß rechtspolitisch das Erfordernis beispielsweise einer Zweidrittelmehrheit besser gewesen wäre, „um garnicht das Odium aufkommen zu lassen, der Wehrbeauftragte sei der Mann einer Partei".

bindung für jedermann sichtbar zum Ausdruck gekommen sein[42]. Schließlich ist wünschenswert, daß die politische Praxis die erhöhte Bestandsgarantie seither stets respektiert hat.

a) Wille zur Selbstbeschränkung

Wie die oben wiedergegebene Entstehungsgeschichte[43] offengelegt hat, bestand bei der Schaffung des BVGG im Jahre 1951 zweifellos in allen Parteien der Wille zu einer gewissen Selbstbeschränkung im Interesse des BVG. Fraglich bleibt allerdings zunächst, ob es einem damals nur darum zu tun war, ein moralisches Hindernis gegen allzu hemmungslose Mehrheitsegoismen zu errichten, oder ob man die Mehrheit tatsächlich *auf ewig* binden wollte. Wenn auch eine lückenlose Beweisführung heute nicht mehr möglich ist, so sprechen doch alle verfügbaren Argumente für eine ernstgemeinte und unabdingbare Selbstbeschränkung. Regierungsvorlage wie SPD-Entwurf gingen von einer starken Beteiligung der Minderheit an der Richterwahl aus. Beide Entwürfe verzichteten auf Eventualregelungen, die die Entscheidung im Notfall in die Hand der Mehrheit gelegt hätte. Schließlich tauchte weder in den Ausschußberatungen, noch in den Plenardebatten je eine Andeutung auf, man könne, falls das vorgesehene Prinzip des guten Willens scheitere, zu einem anderen Verfahren übergehen.

Wenn der Wunsch demnach der war, im Interesse des BVG allen politischen Gruppen einen gemeinsamen und daher neutralisierenden Kompromiß abzuverlangen, so mußte er auch eine erhöhte Bestandsgarantie der §§ 6 V und 7 BVGG *mitumfassen*. Denn nur so konnte und kann das Recht der Minderheit in jedem Falle durchgesetzt werden. Wer den Parlamentariern nicht unterstellen mag, sie hätten eine inkonsequente Lösung gewollt, der muß einräumen, daß sich ihre Willensäußerung auch auf die erschwerte Abänderbarkeit der Bestimmungen *erstreckte*. Dabei bleibt offen, aber auch unerheblich, ob die Parteien das formale Problem überhaupt realisierten. Denn hätten sie erkannt, daß es einer formellen Anordnung der erschwerten Abänderbarkeit bedürfe und daß diese möglich sei, so hätten sie nicht gezögert, eine solche in das Gesetz mit aufzunehmen.

---

[42] So vertritt auch *Dyroff*, a.a.O. S. 103, die Auffassung, die Bestandsgarantie könne nicht „stillschweigend, d. h. durch konkludente Handlungen verliehen werden". Bei der Gesetzgebung gelte „nur derjenige Wille, welcher in gesetzten Worten — wenn auch nur implicite — eine Erscheinungsform gefunden" habe.
[43] s. oben II. A. 1. a).

b) Willenserklärung

Der Wille, eine Norm zu schaffen, die auch die Mehrheit zu Kompromissen zwingt, geht jedoch nicht nur aus den Gesetzesmaterialien hervor, sondern hat darüber hinaus für jedermann sichtbar in den §§ 6 V und 7 BVGG seinen Ausdruck gefunden[44]. Auch die notwendige adäquate qualifizierte Abstimmungsmehrheit wurde 1951 bei der Gesetzesverabschiedung erreicht[45], indem der Bundestag mit Ausnahme der KPD-Fraktion die Vorlage einstimmig beschloß[46] und der Bundesrat auf eine Anrufung des Vermittlungsausschusses verzichtete[47]. Zweifelhaft erscheint allerdings, inwieweit es sich hierbei um einen bewußten Willensakt handelte, und ob man einen solchen fordern muß oder sich mit einer zufällig erreichten Stimmenmajorität zufrieden geben darf.

Schon in der Weimarer Zeit wurden „zufällige Verfassungsänderungen" in der Literatur allgemein als unzulässig abgelehnt[48]. Man hielt — sicher zu Recht — für möglich, daß ein solches Gesetz nicht die zufällige Zustimmung der Zweidrittelmehrheit erhalten hätte, wenn die Abstimmenden erkannt hätten, daß einzelne Bestimmungen der Vorlage gegen Normen der Verfassung verstoßen[49]. Aus ähnlichen Gründen wird man sich auch hinsichtlich der §§ 6 V und 7 BVGG nicht mit einer Zufallsmehrheit begnügen dürfen.

---

[44] Der gesetzgeberische Wille ist also, wie *Dyroff*, a.a.O. S. 97, fordert, durch den Inhalt des Gesetzes implicite erklärt worden.

[45] Man könnte auch die qualifizierte Mehrheit der Mitglieder des Bundestages fordern. Berücksichtigt man jedoch die Praxis des parlamentarischen Betriebes, so erscheint es ausgeschlossen, daß ein derartiges Gesetz binnen fünf Minuten von einer zufälligen Zweidrittelmehrheit auf die Tagesordnung gesetzt und *sofort* verabschiedet wird. Kann die Opposition also nicht unvorbereitet ‚überfahren' werden, so ist nicht plausibel, weshalb für ein einfaches Gesetz die Formalitäten des Art. 79 II GG analog herangezogen werden sollen.

[46] BTags-Prot. der 116. Sitzung am 1. 2. 1951, 4419 B.

[47] BRats-Sitzungsbericht der 49. Sitzung am 9. 2. 1951, 92 D; BRats-Drs. 129/51. Es verursacht gewiß einige Mühe, aus diesem Beschluß die Zustimmung des Bundesrates zur erhöhten Bestandsgarantie der §§ 6 V und 7 BVGG herauszulesen. Tatsächlich sind jedoch im Bundesrat zu *keiner* Zeit Bedenken etwa gegen die Selbstbeschränkung, die § 7 BVGG forderte, geäußert worden. Daß vielmehr gerade der Bundesrat diese Lösung des Wahlproblems in besonderem Maße guthieß, geht aus der Kontroverse im Jahre 1956 klar hervor. Für künftige Fälle wird man gleichwohl einen *ausdrücklichen* Beschluß des Bundesratsplenums fordern müssen.

[48] s. z. B. *Loewenstein*, AÖR 52 S. 251; *L. Gebhard*, Handkommentar zur Verfassung des Deutschen Reiches, 1932, S. 364; *Jacobi* a.a.O. S. 263, der hervorhebt, daß auch bei der einfachen Gesetzgebung ein Beschluß des Reichstages nur als Gesetz verkündet werden dürfe, wenn er als Gesetzesbeschluß gefaßt worden sei.

[49] So ausdrücklich *Heinrich Triepel*, Zulässigkeit und Form von Verfassungsänderungen ohne Änderung der Verfassungsurkunde, Verhandlungen des 33. Deutschen Juristentages, 1925, S. 57 ff., der derartige Gesetze gleichwohl für unzweifelhaft gültig hält, sofern die Form des Art. 76 WV tatsächlich gewahrt worden sei.

Da die Parteien seinerzeit ganz bewußt schon während der Beratungen versuchten, einen Entwurf zu erarbeiten, der von allen politischen Gruppen akzeptiert werden könne, ist die einmütige Verabschiedung des BVGG im vorliegenden Falle nur dann ‚zufällig' zu nennen, wenn die §§ 6 V und 7 BVGG damals gleichsam unbemerkt in die Vorlage geraten wären. Eben dafür spricht in gewissem Maße die Tatsache, daß in den Plenardebatten 1951 über die Wahl der Verfassungsrichter mit qualifizierter Mehrheit nicht ein Wort verloren wurde, weshalb die Abgeordneten die Tragweite der §§ 6 V und 7 BVGG möglicherweise gar nicht erkennen konnten. Vergegenwärtigt man sich dagegen die parlamentarische Praxis, die anfallende Arbeit unter wenige Spezialisten aufzuteilen, die sich dann in den Ausschußberatungen mit den strittigen Punkten der Vorlage auseinandersetzen, so wird man im Falle der §§ 6 V und 7 BVGG keine ungewöhnliche Uninformiertheit der Abgeordneten konstatieren können. Jeder von ihnen war im Besitz einer Gesetzesdrucksache und konnte, im Falle daß er Einwände zu machen hatte, diese in seiner Fraktion oder im Plenum zur Sprache bringen. Gerade, daß eine klärende Plenardebatte über den Wahlmodus unterblieb, zeigt aber das *hohe* Maß an Zustimmung, welches die Kompromißformel der Ausschußvorlage auf *allen* Seiten des Hauses fand.

Auch der Verzicht des Bundesrates auf Anrufung des Vermittlungsausschusses kann nicht als ein zufälliges Übersehen der Tatsache gewertet werden, daß die §§ 6 V und 7 BVGG von dem herrschenden demokratischen Mehrheitsprinzip abwichen. Auch hier ist die überparteiliche Zustimmung, die man diesem Wahlverhalten um der Neutralität willen entgegenbrachte, im Gegenteil als Beweis dafür zu würdigen, daß die Tragweite der getroffenen Entscheidung in vollem Umfang erkannt wurde.

c) Willensrespektierung in der politischen Praxis

Es bleibt zu klären, wie sich die politische Praxis in den Jahren seit Verabschiedung des BVGG gegenüber der materiellen erhöhten Bestandsgarantie verhielt. Die Einmütigkeit der Parteien währte, wie oben bereits gezeigt wurde, zunächst nicht lange. Schon bald verlangten die Regierung und die Koalition eine Lockerung ihrer Bindung an die Kompromißbereitschaft der Minderheit. Ihr Versuch in dieser Richtung scheiterte sowohl an der Reaktion der Öffentlichkeit, der Parlamentsopposition und des BVG, als auch an den Zweifeln bezüglich der Recht- und Zweckmäßigkeit des ganzen Vorgehens, die nach und nach in den *eigenen* Reihen aufkamen. Daß die Vertreter der Mehrheitsparteien allerdings den politischen Plänen ihrer Regierung in den Beratungen nicht gut offen in den Rücken fallen konnten, indem sie den Änderungsentwurf etwa

76 II. Teil: Zulässigkeit und Bestandsgarantie der §§ 6 V und 7 BVGG

für rechtswidrig erklärten, liegt auf der Hand[50]. Deshalb ist auch ihr Verhalten für ihre wahre Einstellung nur beschränkt signifikant.

Bemerkenswert ist immerhin ein Dialog, der sich am 19. 3. 56 im Rechtsausschuß zwischen dem Staatssekretär des Bundesjustizministeriums Walter *Strauß* und dem Abgeordneten Adolf *Arndt* entspann[51], und auf den auch aus anderem Grunde im folgenden kurz eingegangen werden soll. Mit der ausdrücklichen Einschränkung, nicht als Regierungsvertreter, sondern als Sachverständiger sprechen zu wollen, gab Strauß seiner Befürchtung Ausdruck, daß die Viertelsperrminorität des damaligen § 6 IV BVGG eines Tages durch Gruppen von rechts und links hergestellt werden könne. Da die verfassungstreuen Parteien in diesem Falle in eine ausweglose Situation gedrängt seien, müsse man hierfür bereits jetzt Vorsorge treffen. Dem hielt *Arndt* entgegen, für die künftige Anwesenheit extremer Gruppen im Parlament spreche keinerlei Wahrscheinlichkeit. Ergänzend fügte er allerdings hinzu, im Falle, daß eine Sperrminorität tatsächlich einmal offensichtlich Unfug treibe, werde die einfache Mehrheit des Parlaments stets legitim handeln, wenn sie unter Umständen zur Wahl durch einfache Mehrheit übergehe[51].

Interessant ist nun, daß *Strauß* der Gedanke, eine Bundestagsmehrheit gleich welcher Größe dürfe sich über die Opposition hinwegsetzen, wenn ihr die Ausübung des Minderheitenrechtes unberechtigt erscheine, überhaupt nicht in den Sinn kam[52]. Noch bedeutsamer ist aber die geschilderte Ansicht *Arndts* — sie wird ähnlich auch von *Geiger*[53] vertreten —, die vordergründig die These von der erhöhten Bestandsgarantie zu widerlegen scheint. Untersucht man die Argumentation Arndts und Geigers genauer, so scheinen sie in hohem Maße widersprüchlich und politisch bedenklich.

---

[50] Immerhin meinte *Arndt* (SPD) in der 99. Sitzung des Rechtsaussch. am 16. 1. 56, Steno-Prot., auf den Regierungsentwurf brauche er wohl nicht einzugehen, da dieser von der Koalition auch wenig geschätzt werde. In der 120. Sitzung des Rechtsaussch. am 19. 3. 56, Prot., erklärte der Ausschußvorsitzende *Weber* (CDU/CSU) sogar ausdrücklich, der Sinn der vorgeschlagenen Beiratslösung liege gerade darin, den Einfluß der Minderheit auf den Wahlvorgang zu erhalten und trotzdem in jedem Falle zu einem Wahlergebnis zu gelangen. *Laufer*, a.a.O. S. 190, weist eigens darauf hin, daß es das Bestreben aller an den Beratungen Beteiligten war, bei der Neuregelung des Wahlmodus wiederum wie 1951 zu vollkommener Einigkeit zu gelangen.

[51] Prot. der 120. Sitzung des Rechtsaussch. am 19. 3. 56.

[52] Andernfalls hätte *Strauß* einräumen müssen, daß die Mehrheit im akuten Konfliktsfalle jederzeit das Wahlverfahren durch einfaches Gesetz ändern dürfe.

[53] *Geiger*, Reform des BVGG, S. 230. Er meint, wenn eine verfassungsfeindliche Minderheit im Wahlausschuß die Tätigkeit des BVG blockiere, könne man dieser Gefahr „mit einer — dann gerechtfertigten — entsprechenden Änderung des Gesetzes begegnen".

Zunächst ist zu fragen, *wer wann* feststellen soll, daß die conditio eingetreten ist, die den Gesetzgeber zur Änderung des Wahlmodus berechtigen soll. Sicher lassen sich bis zu einem gewissen Grade objektive Kriterien formulieren, wann noch Ausübung eines Minderheitenrechtes vorliegt und ab wann man dagegen von Obstruktion sprechen muß[54]. Über das Vorliegen solcher Kriterien entscheidet aber nach dem Arndtschen Modell eben jene Mehrheit, die von der Minderheit mit ‚Obstruktion' bekämpft wird. Die Objektivität dieser Instanz wird man also, will man nicht politischer Naivität verfallen, *gering* ansetzen müssen.

Aber auch *Geigers* These[53], der eine Gesetzesänderung nur für zulässig hält, wenn sie sich gegen eine verfassungsfeindliche Minderheit richte, vermag nicht zu überzeugen. Denn eine verfassungsfeindliche Partei, deren Verbot durch das BVG gem. Art. 21 II GG unmittelbar bevorsteht[55], wird kaum über die Sperrminorität in einem der Wahlgremien verfügen[56]. Wird also umgekehrt bei einer Richterwahl von einer Minderheit „offensichtlich Unfug" getrieben[51], so hat sie dennoch die Vermutung der Verfassungs*treue* für sich. Würde man der Mehrheit trotzdem das Recht zur Gesetzesänderung einräumen, so müßte dies als Gewährung eines ausgesprochenen Druckmittels gelten, mit dem der Minderheit Kandidaten aufgezwungen werden dürfen, anstatt ihr mühsame Kompromisse abzuhandeln.

Das Arndtsche Verfahren ist also nur in Notsituationen anwendbar, die nach unserem Grundgesetz gar nicht eintreten können, solange die parlamentarische Demokratie noch halbwegs funktioniert. Damit schlägt aber die Argumentation von Geiger und Arndt notwendig in ihr Gegenteil um und wird zu einer wesentlichen *Stütze* der These dieser Untersuchung. Wenn Abweichungen durch die einfache Mehrheit vom geltenden Wahlmodus *nur* für *un*denkbare Situationen zulässig und legitim sein sollen, so sind sie eben in allen denkbaren Situationen *rechtswidrig*.

Die Regierungsvorlage war, wie oben bereits gezeigt wurde, schon im Rechtsausschuß durch die Abgeordneten der CDU/CSU um einen Teil ihrer Würze gebracht worden[57]. Das endgültige Scheitern dieses bedrohlichen Anschlages auf seine Unabhängigkeit verdankte das BVG aber erst dem Bundesrat, obgleich die Vertreter der CDU/CSU auch in diesem

---

[54] Da die Regierungsmehrheit *leichter* auf die Kontrolle durch das BVG verzichten kann als die Opposition, wäre es vielleicht wichtiger, Kriterien zu erarbeiten, ab wann Obstruktion der Richterwahlen durch die *Mehrheit* vorliegt.

[55] Nur sie könnte ein Interesse an der Funktionsunfähigkeit des BVG haben; die Frage besitzt ausschließlich theoretischen Wert. Vgl. auch die folgende Anm. 56.

[56] Eine bereits für verfassungswidrig *erklärte* Partei kann im Bundestag überhaupt nicht vertreten sein; s. Art. 21 II GG.

[57] BTags-Drs. 2388.

Gremium über die Mehrheit verfügten[58]. Wenn die Bundesratsmitglieder von CDU/CSU und SPD am 29. 6. 56 gemeinsam den Vermittlungsausschuß mit der Begründung anriefen, die für das BVG notwendige Vertrauensgrundlage könne nur erzielt werden, „wenn die Wahl durch qualifizierte Mehrheit zustande" komme[59], so legt das in überzeugender Weise dar, daß und warum man den §§ 6 V und 7 BVGG de facto eine erhöhte Bestandskraft beimaß[60].

Seit der Auseinandersetzung von 1956 wurde von keiner Seite mehr der Versuch gemacht oder der Wunsch angedeutet, an dem gefestigten Wahlverfahren etwas zu ändern. Man wäre in der Tat versucht, die „Normative Kraft des Faktischen" zu bemühen[61], wenn die erhöhte Bestandsgarantie der §§ 6 V und 7 BVGG nicht ex tunc bereits gegeben wäre.

---

[58] Vgl. *Laufer* a.a.O. S. 198.

[59] BRats-Sitzungsbericht der 161. Sitzung am 29. 6. 56, 222 A — 226 D; BRats-Drs. 2579 vom 29. 6. 56.

[60] Der Vertreter des Landes Nordrhein-Westfalen, *Siemsen*, führte zu dem vorgesehenen § 7 a in der 161. Sitzung, BRats-Sitzungsbericht 225 A, sogar wörtlich aus: „Diese Vorschrift eröffnet die Möglichkeit, einen Bundesverfassungsrichter nach Einschaltung eines Beirates mit einfacher Mehrheit zu wählen. Das halten wir für verfassungswidrig und für staatspolitisch sehr bedenklich."

[61] *Georg Jellinek*, Allgemeine Staatslehre, a.a.O. S. 339 ff.

Dritter Teil

Zusatzfragen

1. Umfang der erhöhten Bestandsgarantie der §§ 6 V und 7 BVGG

Die erhöhte Bestandsgarantie der §§ 6 V und 7 BVGG muß verstanden werden als Appell an den Gesetzgeber, von einer Änderung des Wahlverfahrens in bezug auf seine kompromißerzwingende Funktion für die Zukunft grundsätzlich abzusehen[1]. Um des politischen Friedens willen soll die einmal geschaffene Basis des öffentlichen Vertrauen in das BVG in jeder Beziehung unantastbar sein. Da dennoch nicht ausgeschlossen werden kann, daß eine Revision des geltenden Wahlmodus aus unvorhergesehenen zwingenden Gründen erforderlich wird, ist zu überlegen, unter welchen Voraussetzungen und in welchem Umfang eine Änderung der §§ 6 V und 7 BVGG rechtlich zulässig ist.

Die erhöhte Bestandsgarantie ist im BVGG nicht fest umrissen, sondern folgt aus der materiellen Aussage der beiden Bestimmungen selbst. Das bedeutet, daß auch die Zulässigkeit ihrer Änderung nicht an formellen Maßstäben gemessen werden kann. Entscheidend muß vielmehr sein, in *welchem* Umfang durch die beabsichtigte Neuregelung in den materiellen Gehalt der Normen eingegriffen wird. Unbedenklich erscheint es demnach, wenn beispielsweise neu geschaffene Bestimmungen die gegenwärtigen ersetzen, deren materiellen Gehalt jedoch in allen wesentlichen Punkten unverändert übernehmen[2]. Wird dagegen in einer Novellierung des BVG ein Verfahren vorgesehen, das für die Wahl eines Richters nurnoch Stimmenmehrheit des Wahlgremiums fordert, so trifft dies die §§ 6 V und 7 BVGG in ihrem materiellen Kern. Ein solches Gesetz kann deshalb nur dann rechtliche Verbindlichkeit erlangen, wenn ihm die

---

[1] Wie *Carl Schmitt*, Legalität und Legitimität, S. 304 bemerkt, ist es der Sinn der Erschwerungen, „sachinhaltlich bestimmte Interessen und Güter zu schützen und zu ihren Gunsten den Funktionalismus und seine Wertneutralität überhaupt abzulehnen, nicht aber die neue Art Funktionalismus einer Zweidrittelmehrheit einzuführen". s. auch *Herrfahrdt* a.a.O. S. 278 f.

[2] Vergleichbar etwa Art. 79 III GG, der die grundsätzliche Mitwirkung der Länder bei der Gesetzgebung sichert, nicht aber, daß diese Mitwirkung notwendig über die Institution des Bundesrates erfolgen muß. Vgl. *Hans Nawiasky*, Die Grundgedanken des Grundgesetzes für die Bundesrepublik Deutschland, 1950, S. 63; *Maunz/Dürig* Art. 79 Rdn. 36.

Minderheit, deren Mitspracherecht hierdurch betroffen ist, die Zustimmung nicht versagt. Gesetzestechnisch schematisiert bedeutet das, daß eine Novelle, die auf die ersatzlose Streichung der §§ 6 V und 7 BVGG hinausläuft, in Bundestag und Bundesrat zur Verabschiedung einer Zweidrittelmehrheit der Anwesenden bedarf[3].

Unter diesem Gesichtspunkt ist noch einmal kurz auf die Gesetzesänderung von 1956 einzugehen. Der Kompromißvorschlag des Vermittlungsausschusses sah damals eine Herabsetzung des erforderlichen Quorums in § 6 V BVGG von drei Vierteln der Wahlmänner auf zwei Drittel vor[4]. Er wurde vom Bundestag am 6. 7. 56 mit einigen Gegenstimmen und einigen Enthaltungen[5] und vom Bundesrat am 20. 7. 56 einstimmig angenommen[6]. Es kann aber kaum einem Zweifel unterliegen, daß die Entscheidung *anders* ausgefallen wäre, wenn die damalige Opposition von ihrem ‚Vetorecht' Kenntnis gehabt hätte. Jedoch scheint es müßig, sich Gedanken darüber zu machen, welche Auswirkung die Verkennung der Tatsachen auf die Rechtsgültigkeit der damaligen Zustimmung seitens der Minderheit unter Umständen hat, da das ganze indirekte Wahlverfahren nach § 6 BVGG ohnehin verfassungswidrig ist.

Bedeutung erlangt diese Frage dagegen im Hinblick auf die Neuordnung des Wahlmodus, wie sie oben vorgeschlagen worden ist[7]. Entspricht eine Zweidrittelmehrheit von zwölf Wahlmännern nämlich wirklich nur einer absoluten Mehrheit im Plenum[8], so wäre zu überlegen, ob in dem Ausschuß, der künftig zur Ausarbeitung der Wahlvorschläge eingesetzt wird, nicht für die Beschlußfassung derselben eine *Dreiviertel*mehrheit gefordert werden soll, da man andernfalls gleich zur Wahl mit absoluter Mehrheit im Plenum schreiten könnte. Berücksichtigt man jedoch, daß eines der zwölf Ausschußmitglieder ca. 41 Abgeordnete repräsentiert, so entspricht die Zweidrittelmehrheit im Ausschuß etwa 330 Abgeordneten, während die absolute Mehrheit im Plenum bei 248 Abgeordneten liegt[9]. Selbst wenn dadurch, daß kleinere Fraktionen nicht in dem Ausschuß vertreten sind oder größere Fraktionen den Stellenwert für ein weiteres Mitglied verfehlen, eine gewisse Verkürzung der Proportionen eintritt,

---

[3] In Betracht kommt also weder eine entsprechende Anwendung von Art. 42 II 1, noch von Art. 79 II in Verb. mit Art. 121 GG. Zu empfehlen wäre dagegen die analoge Heranziehung des zweiten Halbsatzes von Art. 77 IV 2 GG, der die Zweidrittelmehrheit der Anwesenden verlangt, die *zugleich* mindestens der Hälfte der gesetzlichen Mitgliederzahl des Bundestages entsprechen muß; s. *Maunz/Dürig* Art. 77 Rdn. 19; *v. Mangoldt/Klein* S. 1784.

[4] BTags-Drs. 2612.

[5] BTags-Prot. der 159. Sitzung am 6. 7. 56, 8764.

[6] BRats-Sitzungsbericht der 162. Sitzung am 20. 7. 56, 251.

[7] Vgl. oben I. C. 1.

[8] s. *Geiger,* Kommentar § 6 Anm. 4.

[9] Hierbei sind die Berliner Abgeordneten nicht berücksichtigt.

scheint es unmöglich, daß eine absolute Mehrheit im Bundestag einmal über zwei Drittel aller Ausschußmitglieder verfügen kann[10]. Erweitert man zusätzlich das vorbereitende Gremium auf 16 bis 20 Mitglieder, so ist gänzlich gesichert, daß eine Minderheit von einem Drittel der Abgeordneten auch wirklich durch eine adäquate Sperrminorität vertreten ist.

Der oben gemachte Vorschlag[7], der insofern also keiner Ergänzungen bedarf, unterliegt auch hinsichtlich der erhöhten Bestandsgarantie des § 6 V BVGG keinen Bedenken. Die Revision, die er für das gesamte Wahlverfahren aus verfassungsrechtlichen Gründen vorsieht, trägt dem materiellen Gehalt der alten Bestimmung dadurch in vollem Umfang Rechnung, daß die Rechte der Minderheit in jeder Beziehung gewahrt werden. Damit steht zugleich fest, daß die erhöhte Bestandskraft automatisch auf die neue Bestimmung *übergehen* wird.

2. Erhöhte Bestandsgarantie der entsprechenden Bestimmungen in Österreich und Italien

Das vorgeschlagene Verfahren wird zu dem erwünschten Ziel führen, daß das BVG mit qualifizierten und über jeden Zweifel erhabenen Persönlichkeiten besetzt wird, die sich auf eine breite demokratische Legitimation stützen und das Vertrauen der gesamten Öffentlichkeit genießen können[11]. Die erhöhte Bestandsgarantie wird zusätzlich verhindern, daß das Gericht jemals in Abhängigkeit von den politischen Launen der parlamentarischen Mehrheit gelangen kann. Die Rechtslage wird damit insoweit der der Verfassungsgerichtshöfe von Österreich und Italien angepaßt.

In Österreich wird die Art und Weise der Besetzung des Gerichtes in Art. 147 II Bundes-Verfassungsgesetz unmittelbar geregelt[12]. Ähnlich bestimmt Art. 135 der italienischen Verfassung, in welcher Form die übrigen Verfassungsorgane an der Kreation der Richter zu beteiligen sind[13]. Weitere Einzelheiten des Wahlverfahrens enthält das Gesetz über den Verfassungsgerichtshof vom 11. 3. 1953, das der Gesetzgeber auf Grund der Ermächtigung des Art. 138 der italienischen Verfassung als

---

[10] Anderer Ansicht *Geiger* ebd., dessen Meinung aber dadurch überholt sein dürfte, daß seit Einführung der 5 %-Klausel in § 6 IV BWahlG *mehrere* kleine Splittergruppen im Bundestag nicht mehr vertreten sein können.

[11] Womit nicht behauptet werden soll, gegenwärtig sei das Gegenteil der Fall.

[12] *Spanner* a.a.O. S. 88 f.; *Felix Ermacora*, Der Verfassungsgerichtshof, 1956, S. 364 ff.; *Ludwig Adamovich/Hans Spanner*, Handbuch des österreichischen Verfassungsrechts, 5. Aufl. 1957, S. 291 f.

[13] s. *Aldo M. Sandulli*, Die Verfassungsgerichtsbarkeit in Italien, Verfassungsgerichtsbarkeit der Gegenwart, 1963, S. 294, 298; ders., Die Unabhängigkeit des italienischen Verfassungsgerichtshofes, Die Demokratie und ihr Recht, Festschrift für Leibholz, 1960, Bd. II S. 553.

"Verfassungsgesetz" erlassen und dadurch ebenfalls mit erhöhter Bestandgarantie versehen hat[14]. Auch die Wahl der Bundesrichter in der Schweiz[15] und der Mitglieder des Supreme Court der USA[16] ist in den dortigen Verfassungen ausführlicher geregelt, als dies Art. 94 I 2 GG für das BVG tut.

3. Möglichkeiten zur Abwendung der Gefahren, die im Erfordernis qualifizierter Mehrheit liegen

Das Wahlverhalten, wie es besteht oder oben für die Zukunft vorgeschlagen wurde, bedarf schließlich noch einer Rechtfertigung gegenüber dem häufig erhobenen Vorwurf, es sei mangelhaft, weil es die soziologische Tatsache nicht berücksichtige, daß eine qualifizierte Mehrheit sich nicht erzwingen läßt[17].

Zunächst ist festzustellen, daß die Gefahr, die Ereignisse von 1952 bis 1954 könnten sich wiederholen, heute nicht mehr in dem Maße besteht wie vielleicht noch vor zehn Jahren. Der Umstand, daß das Gericht sich mittlerweile ein großes Ansehen in der Öffentlichkeit und eine wirksame Autorität gegenüber den anderen Verfassungsorganen verschaffen konnte, verlangt heute von den Legislativorganen eine ganz andere Zurückhaltung bei der Ausübung ihres Wahlrechtes als früher. Gerade die Konsequenz, daß das Verfehlen eines Kompromisses die Beschlußunfähigkeit des BVG zur Folge haben kann, wird eine der Parteien schließlich zum Nachgeben zwingen. Welche der beiden Seiten zuerst ‚weich‘ werden wird, läßt sich nicht vorhersagen, da einerseits eine Opposition erfahrungsgemäß mit ihren Rechten besonders empfindlich ist, während andererseits die Regierungsmehrheit bei einer drohenden Funktionsunfähigkeit des Gerichts naturgemäß den längeren Atem hat.

Trotzdem bleibt es erstrebenswert, daß ein Ausweg gefunden wird, der das Versagen eines Wahlorgans ausgleicht, ohne den neutralisierenden Faktor des Wahlverfahrens zu beseitigen. Allerdings gewährt die geltende verfassungsrechtliche Grundlage für derartige Überlegungen nur

---

[14] s. *Walter Leisner*, Die Verfassungsänderung in der italienischen staatsrechtlichen Tradition, ÖZÖfR Bd. X (1960), S. 242 f. *Loewenstein*, Über Wesen, Technik und Grenzen der Verfassungsänderung, S. 41. Auch in Österreich sind Verfassungsgesetze neben der eigentlichen Verfassung zulässig, vgl. Art. 13, 44 I und 149 Bundes-Verfassungsgesetz und die Aufzählung von solchen Gesetzen bei *Adamovich*, Die Bundesverfassungsgesetze, S. 170 ff., und *Adamovich/Spanner* a.a.O. S. 90 ff.

[15] Art. 107 der Schweizerischen Bundesverfassung; s. Z. *Giacometti*, Das öffentliche Recht der Schweizerischen Eidgenossenschaft, 1930, S. 47, 260 ff.

[16] Art. II, Sektion 2, Klausel 2, zweiter Satz; s. *Karl Loewenstein*, Verfassungsrecht und Verfassungspraxis der Vereinigten Staaten, 1959, S. 301.

[17] s. näher oben II. A. 2. b) mit Anm. 53.

III. Teil: Zusatzfragen

einen *engen* Spielraum[18]. Alle wirklich weiterhelfenden Eventuallösungen dagegen bedürfen einer Verfassungsänderung, da sie nur darauf hinauslaufen können, die primären Wahlgremien mehr oder weniger aus ihrer Verantwortung zu entlassen. Trauen sich die Parteien die Findung eines Kompromisses nicht mehr zu und entschließen sich deshalb für eine Änderung des Art. 94 I 2 GG, so ist damit die Frage, welche Art von Wahlverfahren nach Würdigung aller hierfür wesentlichen Gesichtspunkte grundsätzlich vorzuziehen ist, wieder völlig offen. Will man sich nicht allzu weit vom bisherigen Rechtszustand entfernen, so ist wohl in erster Linie an eine Erweiterung des Ernennungsrechts des Bundespräsidenten oder an ein Kooptationsrecht des BVG zu denken[19]. Die tatsächliche Vielfalt von Möglichkeiten, die sich für eine Neuregelung eröffnen, zu beschreiben kann jedoch nicht mehr Aufgabe dieser Untersuchung sein.

Dagegen soll ein Verfahren erörtert werden, bei dem in der Mehrzahl der möglichen Fälle eine Unterbesetzung des BVG verhindert werden kann, *ohne* daß die verfassungsrechtliche Grundlage des Art. 94 I 2 GG verlassen wird. Gedacht ist daran, § 4 III BVGG zunächst dahingehend zu erweitern, daß ein ausscheidender Richter nicht nur die Amtsgeschäfte fortführt, sondern regelrecht im Amt *verbleibt*, bis sein Nachfolger vom Bundespräsidenten ernannt worden *ist*. Sodann ist eine Bestimmung anzufügen, derzufolge ein Richter, dessen Nachfolger binnen sechs Monaten nach dem vorgesehenen Termin seines Ausscheidens nicht ernannt worden ist, automatisch als für weitere dreieinhalb Jahre in das Amt gewählt gilt. Dieses Eventualverfahren versagt — abgesehen von dem Fall, daß ein Richter durch Tod aus dem Amt scheidet — nur dann, wenn ein Mitglied des Gerichtes gem. § 12 BVGG um seine Entlassung ersucht. Es ist aber zu hoffen *und* zu erwarten, daß ein Richter, wenn er der politischen Folgen seines Schrittes gewahr wird, sich dennoch für ein Verbleiben im Amt entscheidet, bis die Nachfolgefrage in einer für das BVG tragbaren Weise geregelt ist.

Mit Art. 94 I 2 GG ist dieses Verfahren vereinbar, weil die Richter bei ihrer ersten Wahl bereits die demokratische Legitimation erhalten haben und das GG sogar die Wahl eines Richters auf Lebenszeit zulassen würde. Schwieriger ist hingegen die Beurteilung der möglichen politischen Folgen. Zwar geht der Trend ohnedies dahin, Richter in aller Regel wieder-

---

[18] Beispielsweise kann in Anlehnung an § 7a BVGG der Kreis der Vorschlagsberechtigten in beliebiger Weise erweitert werden, um den Wahlgremien aus ihrer parteipolitischen Verkrampfung herauszuhelfen.

[19] Man könnte etwa vorsehen, daß der Bundespräsident Richter aus der Reihe derjenigen Persönlichkeiten ernennen darf, die dem Wahlgremium vom Plenum des BVG als Kandidaten vorgeschlagen wurden, jedoch dort die erforderliche Zweidrittelmehrheit nicht erreichen konnten.

zuwählen, sofern sie zu einer weiteren Amtszeit bereit sind[20], doch könnte es für eine Partei ein bequemer Weg sein, *ihren* Richter für weitere vier Jahre im Amt zu halten, indem sie einfach die Wahl eines Nachfolgers torpediert. Sobald aber auch die andere Seite zu einer solchen Taktik greift, werden die Wahlgremien erkennen, daß es *einfacher* und sauberer ist, Richter, die sich erneut zur Verfügung stellen, in gegenseitigem Einvernehmen wiederzuwählen. Nach alledem erscheint es sinnvoll, § 4 BVGG in der vorgeschlagenen Weise zu ergänzen, um die vollzählige Besetzung des BVG auch beim Versagen eines Wahlorgans weitgehend sicherzustellen.

4. Schlußbemerkung

Abschließend bleibt hervorzuheben, daß das Wahlverfahren im Bundestag dringend einer Reform bedarf, die aus verfassungsrechtlichen Gründen keinen längeren Aufschub gestattet. Bleibt der Gesetzgeber untätig und läßt es darauf ankommen, daß diese Frage eines Tages das BVG beschäftigen wird, so können daraus unangenehme rechtliche Verwicklungen erwachsen. Besonders wäre aber zu bedauern, wenn geäußerte Zweifel an der Legitimation der Richter eines Tages das hohe Ansehen beeinträchtigen würden, das sich das BVG mit seiner Rechtsprechung in der Öffentlichkeit erworben hat.

Soweit die Untersuchung dem Nachweis der erhöhten Bestandsgarantie der §§ 6 V und 7 BVGG gedient hat, mag sie zugleich als Anregung für den Gesetzgeber verstanden werden, in Zukunft auch andere Rechtsmaterien besonderen Ranges mit verstärkter Gesetzeskraft auszustatten. In diesem Zusammenhang darf vor allem an die zahlreichen Bestimmungen des BVGG erinnert werden, durch deren Änderung der einfache Gesetzgeber auf die Funktionsfähigkeit und Effektivität des Gerichtes einen unverhältnismäßig großen und daher gefährlichen Einfluß nehmen kann[21].

---

[20] So ausdrücklich der Abg. *Reischl* (SPD) in der 77. Sitzung des 4. Deutschen Bundestages am 16. 5. 63, BTags-Prot. 3759; s. ferner *Geiger*, Reform des BVGG, a.a.O. S. 226; *Helmut Engler*, Die Richter des Bundesverfassungsgerichts, DRiZ 1961, S. 289; *Laufer* a.a.O. S. 215 ff.
[21] s. *Stern* in BK Art. 94 Rdn. 95, 98 ff.; *Laufer* a.a.O. S. 170.

Schrifttumsverzeichnis

Adamovich, Ludwig: Die Bundesverfassungsgesetze samt Ausführungs- und Nebengesetzen, Wien 1953.
— Handbuch des österreichischen Verfassungsrechts, 5. Aufl. bearbeitet und ergänzt von Hans *Spanner*, Wien 1957.

Altmann, Rüdiger: Zum Rechtscharakter der Geschäftsordnung des Deutschen Bundestages, in: DÖV 1956, S. 751 ff.

Anschütz, Gerhard: Die Verfassung des Deutschen Reiches, unveränderter Neudruck der 14. Aufl. von 1933, Bad Homburg v. d. H. 1960.

Arndt, Adolf: Das Staatsrecht des Deutschen Reiches, Berlin 1901.

Arndt, Adolf: Das Bundesverfassungsgericht, in: DVBl. 1951, S. 297 ff.
— Das Bild des Richters, Karlsruhe 1957.

Babel, Gisela: Probleme der abstrakten Normenkontrolle, Berlin 1965.

Bachof, Otto: Die Prüfungs- und Verwerfungskompetenz der Verwaltung gegenüber dem verfassungswidrigen und dem bundesrechtswidrigen Gesetz, in: AÖR Bd. 87 (1962), S. 1 ff.

Badura, Peter: Erläuterung von Art. 38 GG, in: Bonner Kommentar, Zweitbearbeitung 1966.

Bilfinger, Carl: Verfassungsumgehung, in: AÖR Bd. 50 (1926), S. 163 ff.

Bluntschli, Johann C.: Lehre vom modernen Staat, 6. umgearbeitete Aufl. des Allgemeinen Staatsrechts, Bd. 2, Stuttgart 1885.

Bonner Kommentar: Kommentar zum Bonner Grundgesetz, Hamburg 1950 ff., Erstbearbeitung; 1964 ff., Zweitbearbeitung.

Bühler, Ottmar: Erläuterungen zur Neufassung der Art. 106—107 GG, in: Bonner Kommentar.

Busse, Peter: Die Ernennung der Bundesrichter durch den Bundespräsidenten, in: DÖV 1965, S. 469 ff.

Deutscher Bundestag: Drucksachen der 1. und 2. Legislaturperiode.
— Protokolle der Sitzungen des Deutschen Bundestages, mit Umdrucken, 1., 2. und 4. Legislaturperiode.
— Protokolle des Ausschusses für Rechtswesen und Verfassungsrecht, Schreibmaschinenfassung.

Deutscher Bundesrat: Drucksachen des Deutschen Bundesrates.
— Sitzungsberichte der Sitzungen des Deutschen Bundesrates.
— Kurzprotokolle des Rechtsausschusses, Schreibmaschinenfassung.

Doemming, Klaus B. *von*, *Füsslein*, Rudolf W., *Matz*, Werner: Entstehungsgeschichte der Artikel des Grundgesetzes, JÖR N.F. 1 (1951), Tübingen 1951.

Dohna, Alexander *Graf zu:* Zulässigkeit und Form von Verfassungsänderungen ohne Änderung der Verfassungsurkunde, in: Verhandlungen des 33. Deutschen Juristentages (DJT) 1925, S. 31 ff.

Drath, Martin: Die Grenzen der Verfassungsgerichtsbarkeit, in: VVDStRL Heft 9 (1952), S. 17 ff.

Dreher, Eduard: Glanz und Elend der Staatsgerichtsbarkeit, NJW 1951, S. 377 ff.

Dyroff, Anton: Rechtssatzung und Gesetz zunächst nach bayrischem Staatsrecht, Separat-Abdruck aus den „Annalen des Deutschen Reichs", 1889, München und Leipzig 1889.

Ehmke, Horst: Grenzen der Verfassungsänderung, Berlin 1953.

— Verfassungsänderung und Verfassungsdurchbrechung, in: AöR Bd. 79 (1953/54), S. 385 ff.

Engler, Helmut: Die Richter des Bundesverfassungsgerichts, in: DRiZ 1961, S. 287 ff.

Ermacora, Felix: Der Verfassungsgerichtshof, Graz/Wien/Köln 1956.

Eschenburg, Theodor: Herrschaft der Verbände?, Stuttgart 1955.

Federer, Julius: Aufbau, Zuständigkeit und Verfahren des Bundesverfassungsgerichts, in: Das Bundesverfassungsgericht, Karlsruhe 1963, S. 36 ff.

Fischer-Menshausen, Herbert: Das Finanzverfassungsgesetz, in: DÖV 1956, S. 161 ff.

Friesenhahn, Ernst: Die Staatsgerichtsbarkeit, in: Handbuch des Deutschen Staatsrechts, Bd. 2, Tübingen 1932, S. 523 ff.

— Die Verfassungsgerichtsbarkeit in der Bundesrepublik Deutschland, in: Verfassungsgerichtsbarkeit in der Gegenwart, Köln - Berlin 1962, S. 89 ff.

— Aufgabe und Funktion des Bundesverfassungsgerichts, in: Aus Politik und Zeitgeschichte, Beilage zur Wochenzeitung Das Parlament, Bd. 6 (1965), S. 12 ff.

Gebhard, L.: Handkommentar zur Verfassung des Deutschen Reiches, München/Berlin/Leipzig 1932.

Geiger, Willi: Kommentar zum Bundesverfassungsgerichtsgesetz, Berlin/Frankfurt a. M. 1952.

— Zur Reform des Bundesverfassungsgerichtsgesetzes, in: Vom Bonner Grundgesetz zur gesamtdeutschen Verfassung, Festschrift für Hans Nawiasky, München 1956, S. 211 ff.

Giacometti, Zaccaria: Das öffentliche Recht der Schweizerischen Eidgenossenschaft, Zürich 1930.

Giese, Friedrich: Die Verfassung des Deutschen Reiches, 8. neubearbeitete Aufl., Berlin 1931.

Goessl, Manfred: Organisationsstreitigkeiten innerhalb des Bundes. Eine Untersuchung des Art. 93 Abs. I Nr. 1 des Grundgesetzes und der zu seiner Ausführung ergangenen Bestimmungen des Bundesverfassungsgerichtsgesetzes, Berlin 1961.

Haenel, Albert: Die vertragsmäßigen Elemente der Deutschen Reichsverfassung, Teil 1 der Studien zum Deutschen Staatsrecht, Leipzig 1873.

Hall, Karl-Heinrich: Überlegungen zur Prüfungskompetenz des Bundespräsidenten, in: JZ 1965, S. 305 ff.

Hamann, Andreas: Das Grundgesetz für die Bundesrepublik Deutschland vom 23. Mai 1949, Ein Kommentar für Wissenschaft und Praxis, 2. Aufl., Berlin 1960.

Hatschek, Julius: Allgemeines Staatsrecht auf rechtsvergleichender Grundlage, Teil 2: Das Recht der modernen Demokratie, Leipzig 1909.
— Deutsches und Preußisches Staatsrecht, 2. Aufl. neubearbeitet und herausgegeben von Paul *Kurtzig,* Berlin 1930.

Hegels, Ernst Wolfgang: Die Chancengleichheit der Parteien im deutschen und ausländischen Recht, ein Vergleich, Diss. München 1967.

Heller, Hermann: Diskussionsbeitrag (Wesen und Entwicklung der Staatsgerichtsbarkeit), in: VVDStRL Heft 5 (1929), S. 111 ff.
— Staatslehre, herausgegeben von Gerhart *Niemeyer,* Leiden 1934.

Henke, Wilhelm: Erläuterungen zu Art. 21 GG, in: Bonner Kommentar, Zweitbearbeitung 1965.

Hermens, Ferdinand A.: Verfassungslehre, Frankfurt a. M./Bonn 1964.

Herrenchiemseer Konvent: Bericht über den Verfassungskonvent auf Herrenchiemsee vom 10. bis 23. August, München ohne Jahr.
— Sitzungsprotokolle des Verfassungskonvents von Herrenchiemsee, hektographiert 4 Bde.

Herrfahrdt, Heinrich: Wege und Grenzen der Verfassungsänderung, in: Reich und Länder 1929/30 (Stuttgart, 3. Jg.), S. 270 ff.

Hippel, Ernst *von:* Das richterliche Prüfungsrecht, in: Handbuch des Deutschen Staatsrechts, Bd. 2, Tübingen 1932, S. 546 ff.
— Ungeschriebenes Verfassungsrecht, in: VVDStRL Heft 10 (1952), S. 1 ff.

Holtkotten, Hans: Erläuterungen zu den Artikeln 94 und 95 GG, in: Bonner Kommentar, Erstbearbeitung.

Jacobi, Erwin: Die verfassungsmäßigen Wahlrechtsgrundsätze als Gegenstand richterlicher Entscheidung, in: Festgabe für Richard Schmidt, Leipzig 1932, S. 59 ff.
— Reichsverfassungsänderung, in: Die Reichsgerichtspraxis im deutschen Rechtsleben. Festgabe der juristischen Fakultäten zum 50jährigen Bestehen des Reichsgerichts, Bd. 1, Berlin und Leipzig 1929, S. 233 ff.

Jellinek, Georg: Verfassungsänderung und Verfassungswandlung, Berlin 1906.
— Allgemeine Staatslehre, 3. Aufl. herausgegeben von Walter *Jellinek,* Berlin 1914.

Jellinek, Walter: Das verfassungsändernde Reichsgesetz, in: Handbuch des Deutschen Staatsrechts, Bd. 2, Tübingen 1932, S. 182 ff.

Jerusalem, Franz W.: Die Staatsgerichtsbarkeit, Tübingen 1930.

Kägi, Werner: Bundesrichterwahlen in der Schweiz, in: Der Wähler, 1952, S. 306 ff.

Katz, Rudolf: Zur Stellung der Dritten Gewalt, in: Vorträge bei den Hessischen Hochschulwochen 1955, Bad Homburg v. d. H. / Berlin 1955, S. 106 ff.

Kelsen, Hans: Wesen und Entwicklung der Staatsgerichtsbarkeit, in: VVDStRL Heft 5 (1929), S. 30 ff.
— Wer soll Hüter der Verfassung sein?, Berlin 1931.

Koellreutter, Otto: Deutsches Staatsrecht, Stuttgart und Köln 1953.

Körtge, H. R.: Grundfragen der Verfassungsgerichtsbarkeit im niedersächsischen Gesetz über den Staatsgerichtshof vom 31. März 1955, in: DVBl. 1956, S. 109 ff.

Kralewski, Wolfgang, *Neunreither,* Karl Heinz: Oppositionelles Verhalten im ersten Deutschen Bundestag 1949—1953, Köln - Opladen 1963.

Laband, Paul: Das Staatsrecht des Deutschen Reiches, 5. neubearbeitete Aufl. in 4 Bänden, Bd. 2, Tübingen 1911.

Laufer, Heinz: Verfassungsgerichtsbarkeit und politischer Prozeß, Studien zum Bundesverfassungsgericht der Bundesrepublik Deutschland, Tübingen 1968.

Lechner, Hans: Bundesverfassungsgerichtsgesetz, Kommentar, 2. neubearbeitete Aufl., München - Berlin 1967.

Lechner, Hans, *Hülshoff,* Klaus: Parlament und Regierung, 2. völlig neubearbeitete Aufl., München - Berlin 1958.

Leibholz, Gerhard: Verfassungsgerichtsbarkeit im demokratischen Rechtsstaat, in: Strukturprobleme der modernen Demokratie, Karlsruhe 1967, S. 168 ff.

Leibholz, Gerhard, *Rinck,* Hans Justus: Bundesverfassungsgerichtsgesetz, Kommentar an Hand der Rechtsprechung des Bundesverfassungsgerichts, Köln 1968.

Leisner, Walter: Die Verfassungsänderung in der italienischen staatsrechtlichen Tradition. Ein Beitrag zur Lehre von der „starren" Verfassung, Österreichische Zeitschrift für öffentliches Recht, Bd. X (1960), S. 229 ff.

Lerche, Peter: Das Bundesverfassungsgericht und die Verfassungsdirektiven, in: AÖR Bd. 90 (1965), S. 341 ff.

Loewenstein, Karl: Die Rechtsgültigkeit der gesetzlichen Neuregelung der Biersteuerentschädigung; zugleich ein Beitrag zur Lehre vom Verfassungsgesetz, in: AÖR Bd. 52 (1927), S. 304 ff.

— Erscheinungsformen der Verfassungsänderung. Verfassungsrechtsdogmatische Untersuchungen zu Art. 76 der Reichsverfassung, Tübingen 1931.

— Staatspolitik und Verfassungsrecht in den Vereinigten Staaten 1933—1954, in: JÖR N.F. Bd. 4 (1955), S. 1 ff.

— Verfassungslehre, Tübingen 1959.

— Verfassungsrecht und Verfassungspraxis der Vereinigten Staaten, Berlin - Göttingen - Heidelberg 1959.

— Über Wesen, Technik und Grenzen der Verfassungsänderung, Berlin 1961.

— Staatspolitik und Verfassungsrecht in den Vereinigten Staaten 1955—1964, in: JÖR N.F. Bd. 13 (1964), S. 1 ff.

Mangoldt, Hermann *von, Klein,* Friedrich: Das Bonner Grundgesetz, 2. neubearbeitete und vermehrte Auflage, Bd. II, Berlin - Frankfurt a. M. 1964.

Maunz, Theodor: Deutsches Staatsrecht, 16. Aufl., München - Berlin 1967.

Maunz, Theodor, *Dürig,* Günter: Grundgesetz, Kommentar, 2 Bände, München - Berlin 1966.

Maunz, Theodor, *Sigloch,* Heinrich, *Schmidt-Bleibtreu,* Bruno, *Klein,* Franz: Bundesverfassungsgerichtsgesetz, Kommentar, München - Berlin 1967.

Menzel, Eberhard: Ermessensfreiheit des Bundespräsidenten bei der Ernennung der Bundesminister?, in: DÖV 1965, S. 581 ff.

Meyer, Georg: Lehrbuch des Deutschen Staatsrechts, in 7. Aufl. bearbeitet von Gerhard *Anschütz,* München - Leipzig 1919.

Mohl, Robert *von:* Staatsrecht, Völkerrecht und Politik, Erster Band, Tübingen 1860.

Müller, Hans: Die Auswahl der Verfassungsrichter, in: Österreichische Zeitschrift für öffentliches Recht, Bd. VIII (1957), S. 149 ff.

Nawiasky, Hans: Die Grundgedanken des Grundgesetzes für die Bundesrepublik Deutschland, Stuttgart und Köln 1950.

Parlamentarischer Rat: Verhandlungen des Hauptausschusses 1948/49, Bonn 1950.

— Stenographischer Bericht der zwölf Sitzungen des Plenums, Schreibmaschinenfassung.

— Stenographischer Bericht des Ausschusses für Verfassungsgerichtsbarkeit und Rechtspflege, Schreibmaschinenfassung.

Peters, Hans: Zur Kandidatenaufstellung für freie demokratische Wahlen, in: Vom Bonner Grundgesetz zur gesamtdeutschen Verfassung. Festschrift zum 75. Geburtstag von Hans Nawiasky, München 1956, S. 341 ff.

Poetsch-Heffter, Fritz: Handkommentar der Reichsverfassung, 3. Aufl., Berlin 1928.

Preuß, Hugo: Verfassungsändernde Gesetze und Verfassungsurkunde, in: Deutsche Juristenzeitung (DJZ) 1924 (29. Jg.), Spalte 649 ff.

Reifenberg, Gerhard A.: Die Bundesverfassungsorgane und ihre Geschäftsordnungen, Diss. Göttingen 1958.

Rinck, Hans Justus: Der Grundsatz der unmittelbaren Wahl im Parteienstaat, JZ 1958, S. 193 ff.

Ritzel, Heinrich G., *Koch*, Helmut: Geschäftsordnung des Deutschen Bundestages, Frankfurt 1952.

Roemer, Walter: Das Gesetz über das Bundesverfassungsgericht, JZ 1951, S. 193 ff.

Roenne, Ludwig *von*: Das Staatsrecht der Preußischen Monarchie, Bd. 1, 2. vermehrte und verbesserte Aufl., Leipzig 1864.

— Das Staatsrecht des Deutschen Reiches, Bd. 2, 2. völlig umgearbeitete Auflage, Leipzig 1877.

Sandulli, Aldo M.: Die Verfassungsgerichtsbarkeit in Italien, in: Verfassungsgerichtsbarkeit in der Gegenwart, Köln - Berlin 1962, S. 292 ff.

— Die Unabhängigkeit des italienischen Verfassungsgerichtshofes, in: Die moderne Demokratie und ihr Recht, Festschrift für Gerhard Leibholz, Bd. 2, Tübingen 1966, S. 553 ff.

Schäfer, Friedrich: Der Bundestag, Köln - Opladen 1967.

Schmidt, Richard: Allgemeine Staatslehre, Leipzig 1901.

Schmidt-Bleibtreu, Bruno, *Klein*, Franz: Kommentar zum Grundgesetz für die Bundesrepublik Deutschland, Neuwied - Berlin 1967.

Schmitt, Carl: Verfassungslehre, Berlin 1928.

— Das Reichsgericht als Hüter der Verfassung, in: Die Reichsgerichtspraxis im deutschen Rechtsleben. Festgabe der juristischen Fakultäten zum 50-jährigen Bestehen des Reichsgerichts, Bd. 1, Berlin und Leipzig 1929, S. 154 ff.

— Der Hüter der Verfassung, Tübingen 1931.

— Legalität und Legitimität (erstmals 1932), in: Verfassungsrechtliche Aufsätze, Berlin 1958, S. 263 ff.

Schneider, Hans: Die Bedeutung der Geschäftsordnung oberster Staatsorgane, in: Rechtsprobleme in Staat und Kirche, Festschrift zum 70. Geburtstag von Rudolf Smend, Göttingen 1952, S. 303 ff.
— Erläuterungen zum Gesetz über das Bundesverfassungsgericht, in: NJW 1953, S. 802 ff.

Schneider, R.: Erläuterungen zu Art. 42 GG, in: Bonner Kommentar.

Schumann, Ekkehard: Verfassungs- und Menschenrechtsbeschwerde gegen richterliche Entscheidungen, Berlin 1963.

Seifert, Karl-Heinz: Das Bundeswahlgesetz, Berlin und Frankfurt 1957.

Seydel, Max *von:* Commentar zur Verfassungs-Urkunde für das Deutsche Reich, Freiburg i. Br. und Leipzig 1897.

Seuffert, Walter: Die Finanzverfassung der Bundesrepublik und Art. 107 des Grundgesetzes, in: Vom Bonner Grundgesetz zur gesamtdeutschen Verfassung. Festschrift zum 75. Geburtstag von Hans Nawiasky, München 1956, S. 299 ff.

Smend, Rudolf: Verfassung und Verfassungsrecht (erstmals 1928), in: Staatsrechtliche Abhandlungen, Berlin 1955, S. 119 ff.

Spanner, Hans: Die richterliche Prüfung von Gesetzen und Verordnungen, Wien 1951.

Der Status des Bundesverfassungsgerichts: Gutachten, Denkschriften und Stellungnahmen mit einer Einleitung von Gerhard *Leibholz,* in: JÖR N.F. Bd. 6 (1957), S. 109 ff.

Stern, Klaus: Erläuterungen zu Art. 94 GG, in: Bonner Kommentar, Zweitbearbeitung 1965.

Stier-Somlo, Fritz: Deutsches Reichs- und Landesstaatsrecht, Bd. 1, Berlin und Leipzig 1924.
— Parlament und Parlamentsrecht, in: Handwörterbuch der Rechtswissenschaft, Bd. 4, Berlin und Leipzig 1927, S. 364 ff.

Strauß, Walter: Aus der Entstehungsgeschichte des Grundgesetzes, in: Festschrift für Hans Schäfer, Berlin 1966, S. 343 ff.

Thoma, Richard: Die Staatsgerichtsbarkeit des Deutschen Reiches, in: Die Reichsgerichtspraxis im deutschen Rechtsleben. Festgabe der juristischen Fakultäten zum 50jährigen Bestehen des Reichsgerichts, Bd. 1, Berlin und Leipzig 1929, S. 179 ff.
— Rechtsgutachten betreffend die Stellung des Bundesverfassungsgerichts, in: JÖR N.F. Bd. 6 (1957), S. 161 ff.

Triepel, Heinrich: Zulässigkeit und Form der Verfassungsänderung ohne Änderung der Verfassungsurkunde, in: Verhandlungen des 33. Deutschen Juristentages (DJT) 1925, S. 45 ff.
— Wesen und Entwicklung der Staatsgerichtsbarkeit, in: VVDStRL Heft 5 (1929), S. 2 ff.

Trossmann, Hans: Parlamentsrecht und Praxis des Deutschen Bundestages, Kommentar, Bonn 1967.

Ulitz, Otto: Über die Unvereinbarkeit des § 48 I Satz 2 des Bundeswahlgesetzes mit dem Grundgesetz, in: DÖV 1957, S. 468 ff.

Walz, Adolf: Staatsrecht, in: Das gesamte Deutsche Recht, herausgegeben von Rudolf *Stammler,* Bd. 2, Berlin 1935, S. 211 ff.

Weber, Werner: Das Richtertum in der deutschen Verfassungsordnung, in: Festschrift für Hans Niedermeyer zum 70. Geburtstag, Göttingen 1953, S. 261 ff.

Werner, Fritz: Organisationsrechtliche Fragen der Bundesgerichtsbarkeit, in: Festschrift 150 Jahre Carl Heymanns Verlag, Köln - Berlin - Bonn - München 1965, S. 91 ff.

Willms, Günther: Kunstvolles Gleichgewicht? Zur Problematik der Richterwahl beim Bundesverfassungsgericht, in: NJW 1955, S. 1209 ff.

Wintrich, Josef, *Lechner*, Hans: Die Verfassungsgerichtsbarkeit, in: Die Grundrechte, Bd. 3, zweiter Teil, Berlin 1959, S. 643 ff.

Wolf, Ernst: Verfassungsgerichtsbarkeit und Verfassungstreue in den Vereinigten Staaten, Basel 1961.

Zachariä, Heinrich A.: Deutsches Staats- und Bundesrecht, Erster Teil, Göttingen 1865.

Zorn, Philipp: Das Staatsrecht des Deutschen Reiches, Bd. 1, Berlin und Leipzig 1880.

Printed by Libri Plureos GmbH
in Hamburg, Germany